« DIEU EST DIEU, NOM DE DIEU ! »

DU MÊME AUTEUR

ROMANS

UNE FILLE POUR L'ÉTÉ, *Julliard — Lettres Nouvelles.*
LE JARDIN DE DJEMILA, *Julliard.*
LE TEMPS DE CHARTRES, *Julliard.*
LA POURPRE DE JUDÉE, *Christian Bourgois.*
LA PERTE ET LE FRACAS OU LES MURAILLES DU MONDE, *Flammarion.*
LE TIERS DES ÉTOILES, *Grasset,* Prix Médicis 1972.
LES PAROISSIENS DE PALENTE, *Grasset,* 1974.

THÉATRE

LES INCENDIAIRES, *N.R.F.*
LA TERRASSE DE MIDI, *N.R.F.*
LA GRANDE PITIÉ, *N.R.F.*
SAINT EULOGE DE CORDOUE, *N.R.F.*
LE SONGE (adapté de Strindberg), *Comédie-Française* (Coll. du Répertoire).

ESSAIS

QUI EST ALIÉNÉ ? *Flammarion.*
COMBAT DE FRANC-TIREUR POUR UNE LIBÉRATION, *J.-J. Pauvert.*
COMBAT DE LA RÉSISTANCE A LA RÉVOLUTION, *Flammarion.*
CE QUE JE CROIS, *Grasset.*

En préparation

LA FRANCE.
« CE JUIF DE SOCRATE ! »

MAURICE CLAVEL

« DIEU EST DIEU, NOM DE DIEU ! »

BERNARD GRASSET
PARIS

A Christophe et Sébastien

En ces jours-là surgirent d'Israël des fils d'iniquité
qui séduisirent beaucoup de gens, car ils disaient :

« *Allons, faisons alliance*
avec les nations païennes qui nous entourent,
car depuis que nous sommes séparés,
beaucoup de malheurs sont tombés
sur nous. »

Ce langage sembla judicieux...

Livre des Martyrs d'Israël.

Continuons à témoigner ensemble pour ce qui dure contre ce qui fait semblant de durer.

Georges Bernanos,
Lettre à l'auteur.

I

LA CHAPELLE ET L'ARCHIPEL

L'Église, d'ici quelque temps, du moins en France, va connaître un schisme auprès duquel celui des deux Papes était peu, car il divisera, au-delà des prêtres, le peuple. Il n'y aura plus d'Église, mais d'un côté la Chapelle, avec moins de recueillement que de rancœur et de rance; de l'autre, l'Archipel, au sens depuis peu célèbre et sinistre, autour duquel des âmes naïves ou naïvement malignes croiront pouvoir caboter, ou même cabotiner, avant de s'y trouver prises. La foi aura disparu ici, les œuvres là. La chrétienté, en ses derniers restes, et comme par hasard à l'heure de ses plus belles promesses de recommencement, craquera. C'est souvent aux abords immédiats du salut, je l'ai observé chez bien des personnes, que le Prince de ce Monde joue son va-tout, et l'emporte...

Je m'accuse de n'avoir pas senti venir le danger. Je m'accuse de m'être cru vainqueur à bon compte, dans mon dernier livre, avec quelques invectives de ce style : « *Malheureux pour qui Christ est le Jean-Baptiste de Marx! Humanisto-christolâtres, espèces d'athées fétichistes, objets de risée aux véritables, vous avez tellement peur d'être les derniers chrétiens que vous serez les derniers marxistes!* » Je ne renie pas ces phrases. Mais j'y méconnaissais que ces derniers marxistes allaient grossir les rangs et renfler les esprits des avant-derniers — renfort payé en confort, en occasions de mérites crus modernes — réduisant par là même bien des hommes de foi à réagir par la Réaction, calamité symétrique, imposture inverse. Je ne prévoyais pas que la faille soudaine et profonde, ouverte dans le sol fondamental de notre culture, notamment par le séisme de Mai 68, et à n'en pas douter sous les coups de l'Esprit, pourrait être obturée par les infiltrations du béton clérical de gauche, moins détestable et donc plus dangereux que l'autre...

Ce livre est une tentative désespérée pour écarter ces menaces. Je n'y reconnais pas le courage que des amis ou même des adversaires me prêtent quelquefois, tant il respire la peur : peur de ce qui se passe; peur d'arriver trop tard ; peur de manquer d'amour ; peur, enfin, de tout perdre... Il s'agit en effet, pour moi, pauvre homme, et de plus en plus solitaire, de contribuer à reforger l'unité chrétienne, sans compromis politicien, sans confusion intellectuelle, à chaud, dans un feu de foi qui demain pourrait éclairer les premiers éclats d'une révolution culturelle.

***

J'ai assisté à un hold-up dans une église...

Mais je dois d'abord confesser que je vais à la messe tous les jours : il ne faut pas, il me le faut. Mes amis, surtout les maos, quand ils le découvrent à la longue, l'admettent avec un sourire à la fois tendre et malicieux : ma petite drogue... Seuls les dominicains auxquels j'en fais l'aveu me considèrent tout à coup d'un œil ethnologue.

Il m'arrive parfois d'y aller bon gré mal gré, — sans aliéner, croyez-moi et rassurez-vous, ma superbe liberté d'homme... Une fois que je veux partir à la campagne, elle occupe un embouteillage... Une autre fois, je m'en souviens, un soir d'hiver, je sacrifiai cet office à une manifestation pour Alain Geismar, alors en grève de la faim à la Santé. Le rendez-vous était à deux pas de chez moi, mais de l'autre côté de mon église, place Denfert-Rochereau. Je m'y rends à l'heure précise. Une fois là, rien : pas de manifestation, mais des dizaines de cars de police, des centaines ou des milliers de C.R.S. alignés, casqués, portant haut leurs visières en plastique d'extra-terrestres luisantes dans la pénombre. Que faire? Je les défie en des regards courageux — non téméraires — et me rabats à grandes enjambées vers la messe, le long de l'avenue du Général-Leclerc...

Mais voici que, sur le point d'entrer dans l'église, j'en vois jaillir, d'un coup, la manifestation, qui avait dû s'embusquer là. Ils sont quelques centaines. Je leur emboîte le pas... Bientôt ils courent, et je ne puis suivre le train. Ils disparaissent à ma vue, et à celle des C.R.S., par une rue latérale — la mienne... Il ne me reste qu'à revenir une fois de plus au Saint Sacrifice qui commence, prêtres et paroissiens quelque peu étonnés d'avoir entrevu et perdu, en si peu de minutes, tant d'affluence...

Seuls quatre chevelus en tenue agressive me firent mystère : le Christ les comptait-il parmi ses habitués ou les avait-il saisis là, comme il arriva à d'autres : ainsi à cet anar qui venait poser sa bombe et faillit oublier de la désamorcer ? Je ne sus...

Mais j'en viens au hold-up. Tous les mercredis, travaillant au *Nouvel Observateur*, je me rends vers six heures à Notre-Dame-des-Victoires, justifiant mon éclipse par des prétextes vagues. Cela s'est su un jour que je fus aperçu par un de nos amis du *Canard enchaîné*, dont les bureaux jouxtaient l'église... J'aime cet édifice baroque, aux ors brunis par le temps... Je me souviens souvent que Rémy, le plus grand agent secret de la France libre, venait y prier la Vierge aux heures de pire détresse, et cela me rappelle avec opportunité qu'Oberg et Stulpnagel étaient tout de même autre chose que MM. Marcellin ou Poniatowski : je prends la mesure des choses... J'avoue que la messe y est vieillotte. Parfois, sur le parvis, des intégristes sombres me tendent un tract, d'un air si chargé de foudre que j'ai la vanité de me croire identifié... Mais il n'en est rien : ainsi font-ils avec toutes les ouailles.

C'était une belle journée de mai ou juin. Le porche principal était resté ouvert. Une traînée de soleil couchant épousait l'allée de la nef jusqu'au pied de l'autel. La pénombre même rougeoyait, je le sentais sous mes paupières fermées, après l'Eucharistie, assis non loin du chœur, au bord d'un rang. Je perçus un tintement de métal, sans doute calice contre patène, le prêtre se disposant à ranger ces objets dans le tabernacle...

Mais soudain j'entendis, venant du dehors, des bruits de pas précipités, une course folle. On entrait. Des chaussures claquaient sur les dalles, rythme démultiplié par les voûtes répercutantes. Une attaque? Un scandale? Une femme passa devant moi, éperdue. J'aperçus un visage jeune, aux traits aigus — ou crispés — puis un envol de mollets, mais je m'étais déjà retourné pour voir qui la poursuivait, au besoin barrer le passage.

Il n'y avait personne... Soudain se fit le silence, entrecoupé de son souffle. Elle était arrivée devant l'autel et se tenait droite, haletante. Le prêtre, qui venait de fermer le tabernacle, la regardait, ahuri. Alors elle tapa encore du talon, deux fois, pour lui signifier qu'elle était venue communier. Il ressortit son fourniment, et s'exécuta...

Elle partit s'asseoir dans un coin de pénombre, simplement, la poitrine un peu soulevée de loin en loin. Je repris alors mes prières, comme chacun — car nul n'avait paru se scandaliser — sans me donner le droit d'étudier son visage, évitant de la rencontrer à la sortie, me contentant de ressentir en moi-même que Christ avait exulté de ce hold-up de l'Eucharistie.

*

Plus tard, je m'avisai que ce besoin des saintes espèces avait dû être infini; que cet esclandre avait infligé à cette cérémonie une strie de transcendance; que le culte du Christ, à l'exclusion de tout autre, était fait pour admettre, presque pour espérer d'être ainsi déchiré, et cela me donna quelques lueurs sur l'Église... Mais ce soir-là, je m'abandonnai au silence. Du moins je fus peu loquace, dans les bureaux de ce grand hebdomadaire de gauche où j'avais repris ma tâche...

Elle avait dû apercevoir l'Eucharistie par le porche et la traînée de soleil couchant...

*

Du temps où M. Pompidou voulait « *adapter Paris à l'automobile* » et se perpétuer dans la mémoire des hommes par sa Voie express de la Seine, un dessin nous montrait deux portails de la cathédrale Notre-Dame, une file de voitures entrant, l'autre sortant, un panneau de sens unique, un autre de sens interdit, et un avis placardé : « *Prière de ne pas klaxonner pendant les offices.* »

En la nef de Saint-Pierre-de-Montrouge, le vendredi, vers 18 ou 19 heures, les files de voitures ne roulent pas encore, et pourtant cela ferait un excellent délestage circulatoire, l'église occupant l'angle de deux sorties de Paris — avenue du Général-Leclerc, avenue du Maine — de sorte qu'un concert ininterrompu d'avertisseurs submerge la liturgie. On s'habitue, on tient, on donne de la voix contre le siècle. Un soir, pourtant, l'équipe sacerdotale devant être surchargée de présence au monde externe, on nous avait dépêché, pour dire la messe, un pauvre serviteur de Dieu octogénaire, sans doute extrait en hâte d'une maison de retraite, car il croulait, mais ses yeux bleu pâle et son teint rose d'enfant reflétaient et respiraient un ciel de jardin. La lutte était perdue d'avance avec la circulation. Mais avec la mort? Irait-il jusqu'à la fin? Trépasserait-il devant nous comme Bérulle, ce Molière des mystiques? Notre pitié allait jusqu'à lui souhaiter cette béatitude... Se relèverait-il de sa génuflexion après l'Élévation? On distingua longtemps ses phalanges agrippées à l'autel. Puis, quand on ne l'attendait plus, il émergea.

Il tint. Il trébucha deux fois sur les marches, cent ou deux cents fois dans son texte : on le voyait s'y reprendre, sans l'entendre. Une jolie jeune fille du premier rang lui soufflait, au jugé, dans les klaxons. Lui non plus n'entendait pas. J'eus un fou rire en songeant au « *Dom'scum-Stutuo* » des *Trois Messes basses* qui avait ravi mon enfance, ce qui me donna l'idée qu'il célébrait peut-être en latin. Je m'attendris, à tout hasard rassemblant le mien. Les flics sifflaient éperdument dans le vacarme. Les conducteurs piqués au vif et forts de leur nombre redoublaient de bruit et fureur. Il communia. Le vin lui serait-il coup de fouet, coup de grâce? Il parut très heureux, encore plus serein. Ses yeux blanchirent, comme si le jardin s'embrumait... Passait-il en Eden?... Fallait-il s'approcher?... Non, il sourit aux anges avec un naturel enjoué, mais encore terrestre, en prononçant sa bénédiction finale, et s'en alla au fond du chœur ranger son ciboire, presque leste. On respirait, lorsque soudain on s'aperçut qu'il avait oublié l'épisode vulgaire de la communion des fidèles!...

Nous nous regardions, perplexes, hilares. J'esquissai un geste suggérant de le laisser en aller, crainte que cet effort de plus ne lui fût fatal : nous n'étions pas frustrés puisqu'il nous avait pris pour des anges, allais-je dire. Mais la jolie jeune fille alla le débusquer dans son antre d'ombre, lui dit deux mots à l'oreille. Alors il éleva les bras au ciel en marionnette, se retourna et nous revint précipitamment, jambes flanchantes, matériel tintinnabulant, avec un regard adorable, flottant entre le rire d'une niche enfantine et la contrition du mourant... Et toute l'assemblée reçut l'Eucharistie en pouffant parmi les klaxons...

*

A supposer qu'elle les ait encore entendus, car ce burlesque avait quelque chose de céleste...

Et voici qu'à présent — je le dis parce que c'est vrai — des prêtres octogénaires, en maison de retraite depuis dix ou quinze ans, oubliés, humiliés, ébranlés, vacillant intérieurement de ce qui se passe, m'écrivent, en maîtrisant mal les tremblements de leur calligraphie patiente, que mon dernier petit livre a contribué à justifier leur vie, leur longue vie passée de foi et de prière. Deux ou trois ajoutent qu'ils mourront mieux... Qu'ils m'y aident...

Douce-amère, ma joie, et finalement douce... J'aimerais que ce prêtre chenu et chancelant de Saint-Pierre-de-Montrouge, que je ne reverrai jamais sur terre, fût de ceux-là...

*

N'en restons pas à ces anecdotes passéistes, comme disent les imbéciles.

J'ai rencontré un autre être humain titubant sur cette même avenue, une nuit, en rentrant chez moi. Mais c'était une fille de vingt ou vingt-cinq ans, jean et blouson, cheveux ras. Elle me tomba dans les bras, ou plutôt elle tangua jusqu'à moi et me heurta, front appuyé sur ma poitrine pour conserver la posture verticale. Ce fut ainsi qu'au bout d'un temps de silence elle demanda, toujours tête basse, ce qui rendait encore plus pâteuse sa voix, banal mélange de tranquillisants et de drogue :

— *Z'auriez pas un franc pour appeler mon psi?*

Moderne, comme on voit, ce fin fond de misère, pur produit de ce monde, et si jeune!... Je lui donnai deux francs, craignant que ses pauvres doigts ne manquent une fois le numéro du psi. Je ne fis rien de plus, je ne la recueillis pas, n'étant pas sûr qu'elle fût menacée de suicide proche. Et puis que faire, que faire? Ils sont tant!... Prier?... Mon remords s'allégea quand je la vis aller vers un bistrot encore éclairé, le pas un peu moins lourd et la tête moins vague... Le psi ferait le reste, me dis-je, assez hypocrite...

La suite est moins exacte, car je fus peut-être victime d'une fusion rêveuse de personnages... Il est possible que j'aie revu cette fille... Ou une autre, à sa ressemblance... Cela se passait au flanc d'une colline mystique, mystique par ses monuments et quelques-uns de ses habitants... Une chapelle franciscaine, une clairière, en plein été, un après-midi, par léger vent... Je regardais jouer mes enfants, assis dans l'herbe et fumant une cigarette... Des chants venaient de la chapelle en contrebas, avec cette insistance monotone et montante des liturgies byzantines : tout un groupe de jeunes chrétiens charismatiques, qui vivaient là, priant, partageant la pauvreté, accueillant toutes les épluchures du monde, qui de plus en plus se communiquaient l'adresse... Ils achevaient une de leurs heures de prière et je comptais les rejoindre pour l'office...

Elle était là, un peu plus bas dans la clairière, à demi allongée. Je crus la reconnaître, puis j'hésitai : elles se ressemblent toutes... Elle me regardait fixement, mais sans me reconnaître non plus. D'ailleurs, la nuit de notre rencontre sur l'avenue, front bas sur ma poitrine, elle n'avait pas même vu mon visage, et je ne tenais pas à lui rappeler l'incident. Mais, comme elle me considérait toujours avec une sorte d'intérêt, plissant un peu nerveusement ses lèvres et ses paupières, je compris assez vite qu'elle en voulait à mes cigarettes et les lui offris d'un geste. Elle bondit, m'assura qu'elle avait oublié les siennes — à preuve qu'elle avait encore du feu sur elle — m'en demanda deux, accepta sans trop de mal le paquet, et retourna fumer à sa place première, bientôt me confiant qu'elles étaient très bonnes — ce qui n'était pas vrai : j'y fus d'autant plus sensible...

On m'avait parlé d'elle le matin même, — à moins que ce ne fût une autre, une seconde ou troisième, je ne sais plus... Elle vivait depuis peu, accueillie, aimée, dans une autre communauté chrétienne de la colline, animée par une jeune et sainte clarisse qui avait vécu longtemps à Paris dans le ramassis de la rue Saint-Séverin. Peut-être s'étaient-elles connues là, toutes les deux... La fille allait mieux. Entre autres, elle se suicidait un peu moins souvent. Mais comme les religieuses mendiaient et ne fumaient pas, et qu'à défaut de drogue il lui fallait quelques cigarettes, elle offrait gentiment son corps de temps en temps, quand elle trouvait l'occasion dans le voisinage. Ainsi, l'avant-veille, elle avait « fait » nuitamment les portes et les couloirs d'un centre où les moines de la colline hébergeaient des ecclésiastiques de passage, ce qui avait permis à ceux-ci de dire à ceux-là, au matin : « *Frères, décidément, votre hospitalité se modernise !* » Mais son état de manque, en cet après-midi, dans la clairière, prouvait que le clergé n'avait pas succombé... Il est bon de signaler aujourd'hui de telles prouesses...

Une fois que je fus entré dans la chapelle, aux approches de l'office, je vis, par la petite porte ouverte sur la clairière et le bois, un miraculeux spectacle. La fille arrivait enlacée avec la sainte. L'étroitesse de la porte, au lieu de les séparer, les resserra encore, sœurs siamoises spirituelles et rayonnantes de l'être. Sans se désenlacer elles se faufilèrent et s'agenouillèrent ensemble. Je voyais à présent leurs quatre mains jointes dans leur dos. La fille serrait plus fort que la sainte. Elle n'était pas tenue en main, elle s'accrochait. Ainsi se passa presque la moitié de la messe, autant que mes regards intermittents et confus de leur impudeur pussent en juger...

Mais au moment précis de la Consécration, quand le prêtre dit ces paroles : « *Que ce même Esprit-Saint sanctifie ces offrandes, qu'elles deviennent pour nous le Corps et le Sang de...* », la fille s'arracha de la sainte avec une violence inouïe et se précipita au-dehors — à moins qu'elle n'y fût précipitée : c'était plus fort qu'elle... Malgré l'herbe abondante on entendit la frénésie de ses pas dans la clairière, suivie du froissement féroce des taillis... La religieuse n'avait pas fait un seul geste, et ne bougea plus... Seules ses deux mains abandonnées s'ouvrirent et retombèrent avec une lenteur extrême, comme en rêve...

Après l'Eucharistie, quand elle revint s'agenouiller, il me sembla qu'une légère imposition de ses doigts vers la terre, à son côté, faisait respecter la place vide... A la sortie elle murmura, vers deux de ses sœurs qui l'interrogeaient des yeux : « *Cherchez-la un peu... Pas trop... Surtout pas trop...* », et m'entretint avec une aimable allégresse...

J'appris plus tard que la fille avait tenté ce soir-là un nouveau suicide, et qu'on l'avait sauvée, mais cette fois de justesse...

Faut-il parler de Dieu soudain présent ? Voire de Satan ?... J'avais du moins éprouvé qu'à ces paroles : « *Que ce même Esprit-Saint sanctifie ces offrandes...* », il s'était passé quelque chose...

Voilà pourquoi, lorsque j'entends ces jeunes prêtres qui désormais refusent de se « *réduire au rôle de distributeurs de sacrements* » — certains disent : « *distributeurs automatiques* », pour faire drôle — moi, chrétien du troupeau qui meurt de faim et de soif, j'ai honte...

***

Vous n'êtes pas allés au monde, vous vous êtes rendus au monde!

Tout le malheur de votre condition, mes bien chers Pères, et par conséquent le nôtre, ce fut que vous ne pûtes rester seuls à prier entre les quatre murs d'une église. Ce fut que vous n'avez pas fait votre métier, point c'est tout, et cherchez après coup de sublimes raisons. Vous n'avez pas tenu le temps de l'abandon qui aurait pu, qui aurait dû être charismatique! Vous avez esquivé le combat de l'esprit pour une paix précipitée avec la Terre! Vous avez dit *amen* à tous les vents finissants du siècle! Vous avez renoncé à l'ardente patience et aux influx de vigueur nouvelle! Vous êtes allés au monde vous divertir et vous délayer!

Ne me répondez pas que j'imite Pascal et que les temps ont changé! Oui, les temps ont changé : alors que les libertins se divertissaient de Dieu, vous avez dissipé Dieu même! Il leur était à charge et vous en aviez la charge! Malheureux, misérables! Vous ne vous appartenez pas, vous étiez à Lui. Qu'avez-vous fait de vous? Qu'avez-vous fait de Lui? Qu'avez-vous fait du mal qu'Il s'est donné pour qu'on Le connaisse et qu'on L'aime? Qu'avez-vous fait de Son infini et du nôtre, vilains prêtres?

Ne me répondez pas que je cite Rimbaud, lequel insultait Dieu et fusillait l'archevêque! C'était un sacrilège saisi par l'Empyrée, et vous des sacristains saisis par la virée! Il allait d'un désert à l'autre et vous de symposiums en colloques! Il pleurait au matin et vous pétez d'entrain! Le coq le déchirait, lui, renégat de rien, pantelant, vous pétulants! Il était fou et se battait, vous batifolez! Ses blasphèmes ont peut-être fendu le Paradis pour l'entrouvrir à toutes les révoltes sauvages, tandis que vos lâchages mis en théologie sont à dégoûter le Diable, le jour où il n'est pas tellement acculé aux petits profits, où il garde son rang de Prince de ce Monde...

Vous n'y êtes pas allés, vous vous êtes rendus à lui! Vous vous êtes mis à la page au lieu de l'écrire! Vous vous êtes remis à jour au lieu de nous éclairer! Vous avez confondu le moderne et la mode! Vous n'avez vu et attrapé du nouveau monde que les nouvelles mondanités! O que vous fûtes médiocres! Je ne dis pas que tous les génies croient en Dieu ni viennent de Lui, mais votre absence de génie fut seule abyssale, et pour cause : vous avez renié l'abîme et ses mystères pour le psycho-socio-culturel à problèmes! O que vous êtes laids! Non, je ne prétends pas que le vrai soit le beau ni que le beau soit le vrai, mais rien n'est vrai contre la chance d'un poème, et c'est pourquoi vous êtes postiches, mes chers Pères! Toute ma vie me l'atteste... J'ai connu le prince charmant de ma jeunesse, mort à trente-cinq ans d'une idéologie. J'ai connu un poète, un grand poète, un ami, qui à vingt-deux ans donna sur notre scène certaines « *Épiphanies* », sœurs des *Illuminations*, et les travaille encore depuis un quart de siècle. Or, un jour, au palais des Papes d'Avignon, dans la Grande Cour, comme certains acteurs tenaient des propos avilis par le didactisme — ou sous un autre prétexte — soudain il s'écria, brama, tonna, d'une voix immense, dans un crescendo rythmé à faire crouler les murailles, ces mots qu'elles n'avaient sans doute pas répercutés depuis sept cents ans — sinon par la sublime Catherine de Sienne :

— *Et l'Amour, merde!... Et la Pureté, merde!... Et Dieu, merde!...*

Et dans un paroxysme :

— *Dieu est Dieu, nom de Dieu!*

Je n'ai plus entendu parler de lui depuis... Et d'ailleurs je n'ai pas assisté à la scène. Elle m'a été dite, avec le ton et les gestes, par un autre poète, le grand auteur des « *Abysses* »... Peut-être y a-t-il mis, entre nous, un peu du sien... Cela fait un génie de plus...

J'ai longtemps hésité avant de prendre ce cri pour titre, à cause du commandement : « *Tu n'invoqueras pas en vain le nom du Seigneur.* » Mais ce poète l'a-t-il invoqué en vain? Et moi, est-ce en vain que je l'invoque?... Cela ne fait jamais qu'un risque de plus à prendre, au-delà de l'appréciation des hommes...

★

Vous n'êtes pas allés au monde, vous vous êtes rendus au monde!... Rendus, comme une place forte assiégée qui n'a pas tenté sa sortie, car, oui, oui, oui, il y avait une façon, pas la vôtre, d'y aller, à ce foutu monde! Vous vous êtes rendus comme des généraux qui au premier contact auraient perdu leur cantine! Vous vous êtes rendus à des voitures radio dans le secret espoir d'être engagés comme speakerines! Vous avez abdiqué l'honneur pour des honneurs et je vous dirai par quelles transitions « honorables » — du genre *honourable Brutus* et *honest Iago* — mais sachez déjà, pour votre plus grande honte, combien il attendait sourdement que vous résistiez, ce monde, qui lui aussi se fuit, mais n'en est plus grisé, qui fuit dans une sèche frénésie mécanique! Mais vous avez couru éperdument après lui pour le courtiser, en petit retroussis puis en immense envol de toutes soutanes, car il filait à tombeau ouvert, le bougre! Vous vous êtes essoufflés après ses idéologies elles-mêmes à bout de souffle! Vous l'avez suivi au suicide, alors qu'il espérait malgré lui votre coup d'arrêt! Mais oui, son vide en appelait obscurément à votre substance et vous vous êtes évaporés! Ses mains cherchaient le roc et vous vous êtes dissous en poussière à sa ressemblance! Il se perdait et vous vous êtes perdus avec lui, sans même l'aimer...

Vous le désiriez, au plus! Et notre Eau Vive, déclarée non potable, mais utile, a irrigué les installations annexes. J'entends son dernier râle étranglé dans les évacuations... Ah, si vous aviez tenu! Si vous aviez tenu seuls, un moment, un instant de plus, entre les quatre murs de vos églises vides qui seraient aujourd'hui pleines, pleines à craquer, et même s'ouvriraient, mais oui, éclateraient, telles des grenades spirituelles, grenades-armes ou grenades-fruits, comme vous voudrez!... Et leurs nefs, retournées sens dessus dessous par l'Esprit — subverties — deviendraient les barques de tous dans le naufrage!...

Mais vous n'y croyez pas ! Vous nageotez, barbotez, béats, boute-en-train nautiques, dauphins d'escorte, chatouillant la plante des pieds des potes qui font la planche, vous, derniers à savoir que ce sont des noyés... Ou encore — colère qui fait mes images incohérentes — vous pétez le feu pour oublier celui de Dieu, ou de Dante !... Car je vous dirai même pourquoi vous êtes sans cesse un peu trop gais, comme condamnés à l'être...

Si vous aviez tenu ! Mais vous vous êtes rendus ! Vous n'avez pas attendu la Colonne de Secours. Vous n'avez pas espéré, vous n'avez pas eu cette vertu. L'esprit du temps vous a investis, intimidés — tentés, dirais-je, si ce n'était pour vous devenu de l'hébreu, la tentation !... Soyons vulgaires : il vous a eus. Précis : il vous a piégés. D'abord par l'illusion de la vie animée, l'impression d'être où ça se passe et de comprendre par Science Humaine, faute de savoir prolonger l'Histoire Sainte !... Ensuite et surtout par le classique chantage au camp des pauvres, dont au siècle dernier vous n'avez pas été, si bien que pour expier il vous les faudrait presque de plus en plus misérables, ces pauvres, que nul n'aime hors le Christ et les Saints, sinon pour leur nombre et leur future puissance, ces pauvres qu'on n'a pas le droit de dire aimer sans se dépouiller de tout, et d'abord du pouvoir politique qu'ils donnent, ces pauvres à servir dans l'anonymat absolu pour qu'ils vous pardonnent ! Ah, comment reprocher aux dames de jadis d'avoir exigé leur gratitude et soi-même solliciter leur mandat ? C'est encore plus bas ! Plutôt mendier son pain que leurs voix ! Il y a des pauvres et leur respect n'a ni camp ni cause. Il y a des pauvres, parasités de partout ! S'inscrire au camp des pauvres sans leur avoir donné tout me dégoûte ! C'est monstrueux à seulement concevoir, le parti des pauvres ! Mais vous avez chanté, hurlé avec les loups, dansé comme des ilotes, ô mes futurs Dupanloups de gauche !

Vous vous êtes rendus aux idéologies, autrement dit aux idoles, aux éternelles idoles, mais cette fois tellement mornes et monotones, et déjà desséchées, que voici ma première explication de votre entrain acharné : entrain d'enfer ; quand on a trahi par ennui, plus question de s'ennuyer ! Plutôt crever que l'avouer, même à son ombre ! Elles sont si crépusculaires et décaties, ces effigies ! Mais vous, comme les jeunes conquêtes des vieux beaux qui veulent avoir bien fait, ou la petite mariée de Simenon recevant ses copines dans un désordre érotique bien apprêté, vous frémissez des jambes et palpitez des narines, non pour nous proposer, mais pour nous insinuer qu'il s'en passe, des choses !... Quel rafraîchissement que mon ami Raguenès, le prêtre-ouvrier de Lip, qui s'emmerde à plein ciel ouvert ! Ses bâillements dans les assemblées sont superbes ! Il est vrai qu'il est pauvre et exècre les pauvres à mentalité de riches et vomit tout pouvoir que les pauvres lui confieraient... Il est vrai qu'il est très au-delà de la gauche... Et Mai 68, déjà, l'était aussi... Car voici justement un autre esprit du temps qui s'annonce, peut-être l'Esprit lui-même, si bien que vous voilà une fois de plus à la traîne de l'arrière-garde de la pensée et du reste, mes Pères, sans pouvoir sur le Peuple que de le faire rire ni sur l'Histoire que de la faire gâtifier : ainsi on vous devra peut-être un Front populaire de 1936 en 1976 ! Ainsi, quand on peut lire aux murs de la Sorbonne de Mai que le marxisme est « *l'opium du peuple* », vous découvrez soudain cette fumerie-là et vous y précipitez ! Église cléricalement éternelle ! O mes Pères, hors la foi, que vous êtes fidèles !

Vous vous êtes rendus ! Vous avez tout lâché ! Pour rien : pour des joujoux, des hochets ! Faute de maintenir l'honneur de Dieu dans la guerre, vous avez obtenu les honneurs de la guerre dans la capitulation ! Pour ce que ça leur coûte ! Et par-dessus le marché, le bon marché, ça vous range! Elle n'en finit pas, la parade, où vous rendez la ville et déposez les armes avec d'autant plus de fanfares qu'on vous a prêté les trompettes qui l'ont prise! Sept tours, trente-trois tours, soixante-dix-huit tours! Le divin Médiateur est mass mediatisé! Vous êtes sociologisés avant d'être ethnologisés, jusqu'à la disparition par fusion, ou la réserve indienne!... Mais d'ici là pas si bêtes, vos matons, vos gardiens-chefs et vos sous-maîtresses! Pas de vagues! Chaque semaine on « *sollicite* » d'un ton grave « *le point de vue de l'Église* » sur n'importe quel « *problème* ». Elle se sent alors on ne peut plus nécessaire, répond « *à cet appel* » d'un air très pénétré, et vous vient déposer son grain de sel éventé sur la queue d'elle ne sait quel oiseau rare, qui s'échappe... Mais peu importe : « *elle témoigne* ». Vous et moi nous parlons de ce qui nous intéresse, mais le curé « *témoigne de ce qui l'interpelle* » et réussit en général ce tour de force de parler clairement, mais sans dire de quoi. Du moins nous n'en savons rien après. Ainsi est clair un potage. Car pour cette « *mission nouvelle et décisive* » l'Église s'est fait un idiome pathétique. En bref, le chrétien n'est plus vrai, mais *authentique*. Il n'est plus jamais là nulle part, mais partout *présent*. Il ne va plus, il *chemine;* il ne vient plus, il *s'incarne;* il ne dit plus, il *atteste;* il n'agit plus, il *se mobilise;* il ne prend plus, il *promeut;* il ne reçoit plus, il *assume;* il ne voit plus, il *rencontre;* il n'entend plus, il *est à l'écoute;* il ne croit plus en Dieu, mais il *s'ouvre au Tout Autre.* En doute-t-il? Moins que jamais! Non, au plus il *renonce à certaines approches*... Tout est donc prêt pour le débat télévisé qui commence, où l'on assure d'emblée, « *sans craindre la hardiesse* », que le Christ s'enrichit sans cesse à tous les « *dynamismes du monde* », dont « *l'inquiète recherche* », si elle « *réactivait ou adaptait son message* » pourrait « *promouvoir plus profondément l'humain* ». L'incroyant en convient, le Christ « *restant un très pur modèle d'humanité, malgré les différences d'époque* » — petits saluts réciproques — et on donne même acte aux « *ecclésiastiques ici présents* », dans la mesure où ils sont « *représentatifs, bien sûr* », vu le « *pluralisme* » ou la fin du « *monolithisme* » — confirmation souriante — que sur ce point « *l'Église est incontestablement en progrès* ». Hochements de remerciements. En progrès vers quoi? On ne le dit pas non plus. En gros vers la « *compréhension concrète des problèmes* », ou vers le Progrès lui-même, que sais-je... Ainsi se passe une heure de « *fraternels échanges* » sur les dangers de la bombe A ou les méfaits du tabac — quelquefois si « *brûlants par leur modernité* » que l' « *interpellation* » banale peut aller jusqu'à la « *provocation fondamentale* »... « *S'acceptant différents* », on se sépare enchantés, jusqu'au prochain bal des otages...

O Cirque, mais de Rome! O vitres pétantes de Pentecôte! Croirai-je que ce fut lorsque je vous vois là!... Oh que je souffre, mes Pères! Si je pouvais encore me faire persécuter, moi, au moins pour ce livre! Mais ce sera par les catholiques! Les athées m'aiment! Ils m'aiment parce que je pense, ou à peu près. Rien à faire!... Mais vous, qui avez perdu tout votre latin sauf *amen,* vous qui fûtes jadis institués pêcheurs d'hommes pour aujourd'hui vous faire régulièrement repêcher à leurs examens, vous, curés culturels frôleurs de la moyenne à qui nous devons un perpétuel oral de contrôle, comment vous assurer que vous me faites mourir d'opprobre?... Notre vent de l'Esprit, notre brise d'Elie, sont devenus, comme ils disent, « *un courant d'air frais dans l'Église* », mais vous ne voyez pas que c'est pour ne pas dire qu'en courant d'air elle se déguise! Vous ressaisirez-vous, sous le fouet? Mais non, loin de soupçonner le néant intellectuel de vos nouveaux maîtres vous leur avez offert et définitivement délégué la Vérité Absolue, puisque vous acceptez d'être notés en progrès vers elle ! Vous avez immolé un dogme vivifiant au plus grand sommeil dogmatique de la pensée d'Occident, moyennant quelques chaires, tribunes, rubriques, tréteaux, estrades, — depuis qu'ils ne sont rien ils sont partout, les curés ! — dans le secret espoir qu'un jour — c'est arrivé — un penseur patenté de l'Union de la Gauche, si penseur j'ose dire, vous écrive : « *Décidément ton Dieu me plaît !* » O vérité avec ses anges pleurant ! Dieu plaît ! Nous en sommes là ! Dieu plaît ! Et le même auteur d'ajouter, qu'en conséquence, dans la société de demain, « *Il aura sa place* » ! Enfin ! Tous les fauteuils sont pris, mais reste un strapontin ! Dieu plaît ! Quand on songe à tous ces arriérés-aliénés qu'Il épouvantait ! Que nous revenons de loin ! O vieux sado-maso d'Abraham, pauvre Blaise, hystérique Thérèse, hypocondriaque Kierkegaard, comme vous nous L'avez « *occulté de vos phantasmes* », ce Dieu si *sain :* typo, maintiens l'orthographe de l'épithète ! Et quel bimillénaire gâchis d'Humanité, cette vieille Église, s'il n'y avait eu l'écologie de François d'Assise et le début de Sécurité sociale de Vincent de Paul, si bien campé par Fresnay, grâce à quoi nous pouvons peut-être lui pardonner ses six heures quotidiennes de prière!... Encore que l'on puisse se demander : pour quoi faire?

Oui, pour quoi faire? Cette misérable question moderne, à rayer d'un trait de feu, vous hante, vous affriole et vous affole à la fois. A quoi sommes-nous bons?... pardon, encore bons? Le Christ, à quoi ça sert? « *Est-il encore possible d'être chrétiens?* » nous demande une enquête, évidemment catholique!... O chers battus, mes amis! Comme si nous n'avions pas cru à l'impossible parce qu'il était impossible, depuis Tertullien! Comme s'Il n'était pas le non et le défi à l'esprit du monde, à tous les esprits de tous les mondes, le Christ! « *Est-il encore possible d'être français?* » Imaginez ce sondage chez les volontaires de de Gaulle! Quel schprountz!... Mais la Résurrection « *ne passe plus* », me dit l'autre! Mais quand diable a-t-elle passé, mes maîtres? Saint Paul fut la risée de l'Aréopage d'Athènes!... Alors qu'allez-vous faire en Sorbonne? Dire quoi, en dehors des problématiques et thématiques de votre dire et de sa suture possible avec le prolétariat? Vous censurez la foi pour glisser votre voix et l'on ne veut que vos voix, gros bêtas! Enfin quoi, vous ne devinez pas ce qu'ils disent? Tant pis, je vais cancaner : « *L'an prochain nous doublons nos curés de service* », me dit l'un. Et un autre, pour un cortège : « *Tu n'en aurais pas deux ou trois dans tes manchettes?* » Mais vous ne me croirez pas. C'est humain. Qui ne croit être aimé pour soi-même, surtout s'il s'aime? Et si je vous disais que vous devenez pour le peuple des personnages de comédie ou de farce, vous ne me croirez pas davantage... Non, je ne flatte pas le peuple! Je ne vois pas en lui la sagesse incarnée quand il réclame avec son robuste athéisme que les curés soient curés, s'inquiète de ne plus savoir où ils sont passés, et quand il en trouve un exige de lui cette onction qu'il raillait naguère... Mais n'a-t-il perdu qu'une cible?... Certes je ris de ce maire communiste de la Corrèze qui, voyant supprimer sa cure par l'évêque, se fâche rouge, l'appelle au téléphone et lui crie : « *Pas de curé, pas de commune!* » Que sentait-il au juste?... Vous me coupez : « *C'est païen!* » Je sais, je sais cet art que vous avez d'invoquer, contre les enracinements qui vous gênent, la même Transcendance que vous bafouez dans les implantations qui vous plaisent! Mais avouez-le donc, qu'être curé de village, ce n'est pas drôle! Et depuis quand? Parbleu, depuis qu'on n'y est plus notable! Belle occasion perdue, ou plutôt évitée, n'est-ce pas, de vivre désormais dans son propre pays en épluchures évangéliques! Allons, plutôt, allons en Amérique latine, puisque aussi bien c'est le dernier endroit où l'on va!...

Mais bon, soit : plus de curé d'Ars, faute de cure... Fini le jeune prêtre ignare, miteux, méprisé, paria, fils de paria du Pas-de-Calais, toujours un peu trop fourré chez Madame la Comtesse... Je parle du curé de campagne de Bernanos qui m'indisposait moi aussi, du temps que j'étais un jeune crétin progressiste, au point que je ne pouvais lire cette scène où il se fait d'abord traiter plus bas qu'un chien par la châtelaine pour avoir écouté sa fille en révolte, lui dit au bout d'une heure : « *Vous détestez votre enfant!* » et au bout de deux heures ramasse et reconstitue ses débris par une confession assortie de pénitences terribles, et conclut pour prendre congé : « *Allez, ma fille.* » Elle meurt en paix dans la nuit. Il a vingt ans. Astruc, le luthérien, qui à force d'insistance me l'a fait lire, me répétait, sidéré : « *Ah, Maurice, l'Église, l'Église, c'est formidable!* » Il savait ce que voulait dire « *formidable* », quel était ce pouvoir effrayant dont l'Église ne risque plus de mésuser, l'ayant abdiqué. Qu'elles crèvent donc, les comtesses, aux poubelles de l'Histoire comme au siècle dernier l'ouvrier dans ses décharges! Et aussi les curés! Oui, curé pour quoi faire? Et surtout pourquoi l'être? Pourquoi des prêtres et non des psi inscrits au psu? Pour rien, et aussi bien, remarquez, il n'y en a plus! Les uns meurent et « *les petits jeunes qui arrivent vous parlent de justice et n'ont pas un geste juste* », me dit l'ébéniste, avec une méfiance populaire... Le peuple ne les aimera jamais, disait Bernanos mourant... Et peut-être ce maire communiste de la Corrèze ressentait-il un décalage imperceptible entre les bienfaits évidents de son administration et la nature intime de certaines détresses...

Détresse intime... A ces mots le tiers ou le quart des prêtres vous rit au nez! Extirpez donc ce luxe petit-bourgeois en attendant la libération commune! Le Mal, c'est le Capital! Rompez! N'ayez une âme que quand tout le monde pourra s'en procurer une! Principe affreux, d'autant plus faux qu'il y a du vrai! Cousettes et manucures sont à convertir... aux luttes!... Au fond, chez eux, quel mépris! Alors ma dactylo du *Nouvel Obs'* m'écrit à la main sous un faux nom pour que je prenne au sérieux le mal probablement religieux de son être. Je réponds. Nous correspondons. Un hasard seul la trahit... Alors l'horrible crime de Bruay-en-Artois demeure une énigme insondable, tandis que tout deviendrait clair à crever les yeux sous le soleil de Satan pour peu qu'on pense à la malheureuse Mouchette! On n'oublie que la dimension du désespoir, réservant le blanc et le noir aux classes!... O Bernanos parqué dans ses Grands Cimetières, où il est vrai qu'il y a toujours de la place! O Seigneur Jésus-Christ assigné à navette entre Chili et Espagne! Comme s'il n'y avait pas plus de choses au ciel et sur terre!... Mais savez-vous qu'Il dévie souvent de la ligne Madrid-Santiago vers Champs-sur-Yonne et La Garenne-Colombes pour vous remplacer dans les cœurs, surtout des femmes? Car il faut bien quelqu'un pour faire le boulot. Vous n'y êtes plus, Il y va. Vous dirai-je la lettre de cette mère, qu'Il consola lui-même en la prenant par l'épaule au fond d'une nuit de larmes sur sa fille droguée à mort par un de mes camarades? Fallait bien qu'Il y aille : elle n'avait personne, et quoiqu'elle eût offert sa table et son cœur à ce jeune homme, elle se croyait rétrograde! Et si je vous raconte qu'Il vient faire pleurer de paix pas mal de créatures épluchant des patates en compagnie de France-Culture — attention, je dis bien des patates, non des oignons — allez-vous me prêter l'intention de conclure qu'Il sanctifie la femme au foyer? Certes, il y a aussi celle-là qui m'a dit « *Quand Il est venu, j'aspirais... — A quoi?* demandai-je — *Non, je passais l'aspirateur* », dit-elle. Mais je ne statistique pas, j'ai trop d'angoisse. Certains, certaines aujourd'hui, entre vie et mort, comme je le fus, à qui les adresserai-je? A un curé? Une chance sur trois ou quatre qu'il te les expédie se rééquilibrer à la C.G.T.! On a vu ça! Saint Dicat, comme on disait en Bretagne... Alors à qui? Aux apparitions divines? Mais comment savoir si c'est Dieu ou non que l'on voit? Qui saura, quand il n'y aura plus d'Église, mais des politiciens folâtres d'un côté, des illuministes sectaires de l'autre, les seconds nés du vide spirituel des premiers?... Et la haine, et la haine! Comprenez-vous que j'écris ce livre contre la haine qui est déjà en vous et vos adversaires? Comprenez-vous que l'unité du Peuple de Dieu — dont vous êtes, leur dis-je, et dont ils sont, vous dirai-je — vaut bien... Mais non, elle vaut tout ou elle ne vaut rien, pas d'échelle... Qu'elle est difficile, ma tâche! Comment faire s'aimer ceux qui ne s'aiment pas dans la religion de l'Amour?... Et moi, est-ce que j'aime?...

Je ne sais plus, on verra, continuons!... Accordez-moi que je ne suis pas démagogue... Au fait, qui m'a dit l'autre jour que la *promotion sociale* en Union soviétique compensait largement l'Archipel du Goulag? Qui m'a dit cette horreur absolue et tranquille? Devinez, je le donne en mille! Un communiste? Ils n'osent plus depuis longtemps... Un compagnon de route, un sous-marin? Ils rôdent dans l'Archipel sans trop émerger... Un qu'ils tiennent? On le brûlerait dans la besogne... Non, c'était un dominicain, et spontané, attablé avec moi, aux environs du fromage... Je fus un lâche, je n'ai pas renversé la table... Cas isolé, direz-vous. Voire! Voici un petit incident de masse : peu après, dans une assemblée œcuménique, j'ai senti tout à coup l'intérêt de la salle refluer — oui, refluer comme une marée d'équinoxe vertigineuse — lorsqu'un des orateurs demanda du secours pour des réfugiés du Viêt-nam... Un soudain silence, sinistre... Inintéressantes victimes... Catholiques contraires au sens de l'Histoire... Dans le fond de la salle on s'affaira bientôt en conversations particulières, par contenance... J'ai vu, comme disait naguère Morvan Lebesque, la prise de conscience chrétienne universelle momentanément débranchée... Ou encore ce qu'on appelle, à l'Électricité de France, un délestage...

Tout orphelin ne peut pas être chilien, qu'est-ce que vous voulez?

*

Et ce bénédictin assassiné au Cambodge — cadavre dans un tas parmi tant de tas pourrissants — expédié ainsi dans un journal catholique : « *Mort pour l'avenir de ce peuple qu'il aimait tant* »!... O catins de tous les Katyn de la planète!

J'en conviens, j'en conviens, vous êtes encore loin des évêques inquisiteurs aux pieds baignant dans le sang des hommes. Il manque l'exécutif dont vous préparez l'avènement.

Vous vous êtes rendus au pouvoir de ce monde pour des pouvoirs en ce monde! Vous vous êtes rendus par faiblesse, mais pour la force! Le cléricalisme — qui m'est odieux encore plus qu'aux athées, trop heureux de nous y reclure — c'est cela même, curés! Vous remplacez un cléricalisme par un autre! Il vous faut dans ce monde une place patentée! Et vous vous inscrivez enfin dans le camp des pauvres à l'heure où il n'est plus de camp sans barbelés et où il en a plus que les autres!... Je vous ai vus, je vous l'ai dit, vous ne m'avez pas entendu. D'un geste vous avez chassé Soljénitsyne de votre tête, comme un moustique. Vous l'avez exilé sans même lui accorder une nuit de garde à vue — des fois que vous auriez rencontré ses yeux...

Pourquoi diable a-t-il survécu, ce malheureux? La mort l'aurait grandi, alors que la rancune l'aigrit! Domenach nous assure que sur les milliers d'articles consacrés à « *l'Archipel du Goulag* » il n'y a pas un seul démenti... Mais justement! Tout cela on le savait! Et puis c'est fini! Est-il chrétien de raviver braises et cendres? Laisser sa dactylo se suicider au N.K.V.D. pour tous ces trucs qu'on savait! Au fait, n'aurait-il pas un peu collaboré avec les nazis? Quelle est cette pitié pour les gars de Vlassov, qui se dit chrétienne! Ah, ça finit toujours très mal, l'anticommunisme primaire, et comme il n'y a aucun espoir en cette carrière d'accéder au secondaire ou au supérieur — c'est bloqué — gardons-nous d'y entrer! Soyons à leurs côtés! Que notre fraternité les décontracte!... Et c'est ainsi qu'en juin 1974, trois mois après l'arrivée de Soljénitsyne, la Jeunesse Ouvrière Catholique réunit à la porte de Versailles quarante mille jeunes gens, fervents, magnifiques, pour rien de plus pressé que de faire une apothéose au premier secrétaire du parti communiste! Un jour de juin à regeler la Sibérie...

Pauvres enfants! Cela devait finir ainsi : au

Minotaure! Est-ce ce jour-là que j'aurais dû écrire ce livre, que vous ne lirez pas? Ce jour-là fut remise en charge la chrétienté à M. Georges Marchais, vous en gage! Mais tout vient de tellement loin! Dès l'instant qu'il n'y a plus ni Grecs, ni Juifs, ni Romains, ni barbares, ni esclaves ni maîtres, ni hommes ni femmes, mais J.O.C., J.A.C., J.I.C., c'était joué, du moins pour vous, ouvriers : vous étiez purs, Marx est simple, l'Église vous vouait à son rachat dans le siècle, en expiation du dernier. Qui a dit que vous alliez au marxisme comme le fleuve à la mer? Bernanos, il y a trente ans! Stupéfiant! Mais il ne pouvait prévoir quelle monstrueuse mollesse ou quel confusionnisme soigneux en la cervelle de vos curés culturels allait opérer le passage de Dieu à Marx par le Christ, escamotant le moment toujours délicat du reniement. Ce n'est pas votre faute, enfants! Tandis que le sinistre cirage intellectuel de vos Pères — à comparer non plus aux corbeaux, mais aux seiches — était stratégique! Quand ils oublient que Marx a pour seul but de supprimer Dieu et n'en retiennent qu'un bon point dédaigneusement décerné à Thomas Müntzer, ils savent ce qu'ils font! Ils sont moins crânes fumeux que pots fumigènes : soufflez pour les éteindre et vous épaissirez et multiplierez leurs volutes noires. Ainsi s'enroulent-ils et vous embobinent-ils en voluptés garaudysiaques...

Je ne disputerai jamais M. Garaudy, qui est touchant, dont l'exclusion du P.C. fut douloureuse, et *réelle.* Je dis cela parce que, si elle avait été simulée — ce qui n'est pas — il aurait fait à la pensée chrétienne le même apport : confiture et déconfiture, dont je doute parfois de nous dépêtrer jamais!... Et je ne le disputerai pas, surtout, parce qu'un jour il m'a disputé, alléguant que mon point de vue sur Marx était celui d'un curé breton de 1920! Ce n'est pas charitable pour les curés bretons, exclus de la compréhension pré-ontologique de Marx que peut posséder le plus humble. Mais je remercie Garaudy de tout mon être, car cette pure méchanceté vient me rappeler à point un curé languedocien de 1930, mon très cher aumônier du collège de Sète, qui me disait : « *Sais-tu que sous le marxisme tu ne pourrais pas aller sans permission d'une ville à l'autre? Que tu ne pourrais pas vivre dans celle de ton choix? Qu'il te faudrait laisser les clefs de ton appartement, quand tu sors, au concierge de l'immeuble?* » J'étais tout enfant, j'y croyais!... Plus tard, à vingt ans, que je l'ai trouvé méprisable, ce prêtre, avec ces trois fables réactionnaires!... On sait aujourd'hui l'exactitude des deux premières. M. André

Glucksmann a vérifié la troisième... Serait-on plus prophétique et divinatoire en Languedoc qu'en Bretagne ?

J'en doute... Je l'ai revu récemment, mon aumônier du collège, qu'aimait aussi Brassens... En ce temps-là il était extrêmement beau et nos jeunes mères riaient entre elles de le voir quelque peu abaisser les paupières à leur aspect. Le voilà septuagénaire. On ne l'a pas encore mis à la retraite, mais au rebut, vu sa piété trop naïve en ces temps savants. Un but de ce livre est qu'il ne meure pas trop triste... Grâces donc à Garaudy — que je m'abstiens d'attaquer, enfin, parce qu'il n'est pas, lui, *christiano-marxiste,* mais *marxisto-chrétien :* on voit que je connais ma Byzance. Mais plus profondément j'entends et je présume que venant de Marx mort au Ressuscité vivant, Garaudy va bientôt sentir se volatiliser son passé marxiste dans la Présence. Du moins reste une chance et je prie pour elle. Sinon il n'aurait fait qu' « *adhérer au christianisme* », moins y trouver son être qu'y aménager ses aîtres : je n'y puis croire...

Enfin — petite histoire — comme j'avais rendu à Marx ce suprême hommage que toute sa vie et son œuvre justifiaient l'épigraphe de sa thèse de doctorat : « *En vérité je hais tous les Dieux!* », Garaudy répondit que c'était « *un cri de potache* »! Dès lors lui citerai-je ce superbe poème, qui selon moi tout éclaire : « *Pareil à Dieu et victorieux je marcherai au milieu des ruines du monde, et donnant une force active à mes paroles, je me ressentirai l'égal du Créateur* »? A quoi bon? Il y verra une poussée d'acné juvénile littéraire! Et il sera sincère! Il est touchant, vous dis-je...

Ce n'est donc pas à lui que je songe, lorsque je vois avec une stupeur accablée la Sorbonne contemporaine accepter d'ajouter au cocktail éclectico-syncrétique qui lui tient lieu de pensée une pincée de sel de céleri christique! Oh, cela ne va point sans malice de part et d'autre, l'athée cherchant un appoint et le croyant un appui. Mais plus secrètement tous cherchent un abri contre le néant du monde et le suicide de l'homme, Christ faisant une strate de plus à la coquille. A un certain degré de veulerie dans le compromis, les conforts se superposent. Toutes nos Compagnies d'Assurances intérieures devaient forcément se fondre en « *Christ et Marx associés* » : salut sans risque, au prix de la saine fatigue des défilés de la Nation à la Bastille.

Allez, je vous connais tous par cœur, mes chers Pères! Pas une de vos tentations qui ne m'ait tenté! J'ai si mal parfois d'être seul, moi, l'ex-futur bel écrivain de la Gauche unie, qui pouvais espérer, à quarante ans de distance, remplacer André Gide deux doigts à la tempe sur les estrades! Moi qui pouvais encore au lendemain matin des présidentielles écrire en mon journal, comme l'a fait Manceron — mais aurais-je eu ce souffle d'épopée grandiose? — « *La nuit de Mitterrand eût éclairé le monde!* » et j'aurais fait pleurer enfin d'émotion tous ceux que j'émoustille ou exaspère depuis dix ans! Qu'est-ce qui m'a tiré de là? Qu'est-ce qui m'a sauvé? Dieu? Ne le mêlons pas à ces détails risibles. Aussi bien un des buts de ce livre est de dire : « *Engagez-vous, ne L'engagez pas!* »... Alors qui, quoi? Peut-être le grand philosophe Desanti qui, un jour où j'étais en euphorique détente avec le Parti, m'a dit, sardonique : « *Je te vois! Je te vois déjà! Les six premiers mois tu seras ministre des Cultes!* »...

Pourquoi, pourquoi ai-je refusé de me courber sous le fouet du militantisme mitterrandesque, aimable fouet qui ne faisait pas plus de mal qu'un vent arrière vous cueillant à la taille comme un brin d'herbe?... Peut-être, justement, une histoire de vent... Un tract, saisi au vol rue des Saints-Pères, où l'homme de la Gauche promettait — tenez-vous bien — « *l'expansion de la profession publicitaire* »! Vent, vent, vent, quelle que fût l'hypothèse, vent des fausses promesses ou du mensonge marchand! Et la plus-value, camarades?... Puis ce fut cette dame de la tour Montparnasse, quartier général de la Gauche, qui après avoir vu le film *Portier de nuit* — bourreau nazi et petite victime juive qui en redemande, et même vingt ans après — disait, l'air pénétré de sa Bonne Nouvelle : « *Les camps furent donc l'occasion d'une telle libération sexuelle!* » Comment me mélanger à cette créature, fût-ce en une urne?...

Et puis un coup au cœur, qui demande un bref récit. Que le lecteur pardonne ces odeurs de cuisine. L'année d'avant, aux élections législatives, j'étais allé tenir à Belfort un meeting organisé par des anciens résistants et des maoïstes, contre un candidat gaulliste qui avait été milicien pendant la guerre : pas moins! Je l'avais fait avec d'autant plus de cœur et de zèle que son principal adversaire, un jeune socialiste ami, aux dents longues, ne comptait nullement faire état de ces « *vieilleries* »! Au reste il ne me donna pas signe de vie, ce soir-là. Je ressentis assez tristement mon âge... Mais j'oubliai cela et fus réconforté, au contraire, l'année suivante pendant les présidentielles, en lisant dans *le Monde* un bouleversant appel de la Gauche à la Résistance — enfin notre âme, disais-je! —

lorsque je m'aperçus à la fin qu'il était signé de lui!... O la canaille!... Ce marché aux martyrs, cette simonie de nos sacrifices m'acheva. Je bondis de ce pas vers mon journal, dont le directeur, à travers ses responsabilités politiques, ou au travers d'elles, est un homme de cœur et de vérité : quoi de plus beau?... J'avais besoin de me confier à lui. Il n'était pas là. Cela me fit un grand manque dans la poitrine...

Alors je rédigeai, je dégorgeai et je laissai là un article dont voici, de mémoire, le premier paragraphe :

« *La Gauche me dégoûte. Je suis dégoûté par la Gauche. Il y a en moi un vaste, un gigantesque dégoût venu de la Gauche. Et maintenant je sais, je sais presque pourquoi. Le fin mot de l'affaire, c'est que je dois être de Gauche. Et que la Gauche c'est pour moi la vérité. Dire la vérité. En appeler à la vérité. Prêter au peuple le sens de la vérité. Vous comprenez, que la Droite mente, c'est son rôle, c'est son métier, c'est son job. Je m'en fous. Ça ne me fait plus ni chaud ni froid. Elle est là pour ça. Elle n'a jamais pu vivre que comme ça. Mais que la Gauche mente et la terre chavire!...* »

Suivaient six pages, sur les impostures ici décrites, et quelques autres, plus grosses... Rythme Péguy, on voit. Pastiche involontaire.

Mais quoi, n'était-il pas entre Péguy et Séguy, le choix? Et vous devinez pourquoi je cite ce texte. Il me dispense de vous développer un de ces couplets sur la Droite qui m'évoquent toujours les soufflets de cheminée : à tous les coups les bravos crépitent comme des braises... Tirage, aussi, pour les livres... Et quant au cléricalisme de droite il commençait à finir de battre son plein du temps que je tétais encore ma mère : se tailler un succès contre des moribonds, quelle misère!... Mais je le cite aussi ce texte, ce pauvre texte, parce qu'il ne parut pas plus que je ne votai. Il resta sur le marbre et j'y consentis pour ne pas rester sur le sable... Ainsi je désertai avec discrétion et sans gloire le camp de la sympathique lutte des classes, l'immense espérance des masses laborieuses et autres foutaises, y laissant les chrétiens qui assureront demain la majorité — soit, soit — et perdront leur foi!

Car, non! Je ne dis pas et je n'ai jamais dit que vous perdez la foi, chrétiens, en militant et votant à gauche — peut-être même au contraire — mais en la diluant dans le bien que vous faites, et surtout en la ramenant de proche en proche, par la « *pratique* », sous l'effet des curés cléricalo-culturels, au flirt, aux épousailles, à l'esclavage, à l'enfer de la plus abjecte des justices et du plus sinistre messianisme terrestre! Telle est l'époque et son gigantesque piège, et vous vous y précipitez! Chrétiens, écoutez Dieu et vous casserez tout ce foutu monde, ou une fois de plus vous vous perdrez par les prêtres!

★

Oh que non, je ne vous oubliais pas, mes bons Pères! Du fond de ce bourbier électoral je criais encore après vous, notamment après ces quarante ecclésiastiques qui signèrent un manifeste demandant aux chrétiens de voter Mitterrand « *pour la libération de l'Homme* ». Nom de Dieu! Comment communiquer ma stupeur? Une page blanche, comme ma voix? J'écarte de cette affaire historico-métaphysique le malheureux candidat qui n'en demandait pas tant — encore qu'il nous invitât par un slogan à « *changer la vie* » avec lui, ce qui était gros : mais enfin il ne prétendait accomplir en sa modeste personne que Mai 1968 et Arthur Rimbaud! Il ne délivrait des douleurs de l'enfantement que le Siècle! Sa gestion ne parachevait la gestation que de quatre générations! Tandis que vous, les quarante, d'un seul communiqué de dix lignes dans *le Monde,* vous rétroactivez deux mille ans en son Annonciation! Vous allez d'un vol d'aigle de la Croix à la Rose — à supposer que la première ait fait quelque chose, ce que vous ne précisez pas... Mais je n'avance plus... Je suis toujours pantois... La libération de l'homme!... Mes Pères! Est-ce que vous vous rendez compte?... Et en votant!... Ne seriez-vous pas frivoles? Que vous est-il arrivé? Un vin de messe un peu traître ou trop inhabituel désormais? Des frissons brusques de prophètes ou de crevettes?... Vous dont c'est le métier de savoir les misères et esclavages de l'homme, et ce qu'il en a coûté à Dieu pour le début de sa délivrance, vous voici à vaticiner, tel le titan Manceron, sur la nuit de Mitterrand éclairant le Monde!... Par exemple! Étiez-vous illuminés ou allumés? Qu'est-ce qui vous a pris aux viscères, ou aux glandes? L'Homme, libérer l'Homme!... Enfin, Pères, Pétain, pour Gerlier, n'était que la France!

Mais c'est toujours pareil! A peine un peu moins simple! Las de votre retard d'un siècle dans le siècle, vous avez décidé un gigantesque bond en avant. Mais comme vous n'avez aucune imagination, et de pensée moins encore, vous vous êtes jetés sur la seule doctrine de l'avenir en place, y retrouvant d'ailleurs votre messianisme, naturé, donc dénaturé, sans voir qu'elle visait à tuer votre Dieu, sans voir non plus qu'elle était déjà du passé!... Sans voir? Sans vouloir voir? Qu'importait la nuance à votre soif d'égards, d'expiation, de puissance et de bonne conscience jointes, ô néo-cléricaux constantiniens à terme — oui, comme on achète en Bourse!... Ainsi dis-je, vous avez découvert Marx quand il est mort, le prolo quand il est à demi bourgeois, la lutte des classes quand elle est devenue foire d'empoigne de cinq à six catégories sociales, et le fameux socialisme à visage humain chez les exilés nostalgiques de ces printemps qui n'ont jamais eu d'été, mais comment devineriez-vous ces disgrâces? Promus escorteurs légers des masses, dont le nombre vous grise et le peu de poids vous échappe, tournant, virevoltant, vous prodiguant en avances — avances où l'on prête et avances où l'on s'offre — poissons-pilotes, mouches du coche, en grand jeu scout et danse nuptiale à la fois, jouant à jouir et jouissant de jouer, vous frissonnez, les flancs déjà palpitants d'un nouveau monde, alors que vous tenez un rôle de toujours : *vous avez supputé que le prolétariat serait roi et vous vous êtes déjà faits ses abbés de cour!* Boulevard ou boudoir, qu'importe? On frôle, on froufroute, on frétille et on bourdonne de même! Sait-on ce qu'un jeune chrétien — que j'aime — rapporte d'une manifestation du P.C. ? « *Nous étions, nous chrétiens, avec Georges Marchais en première ligne du cortège, et à la fin le reste a défilé devant nous* »! Et quant à Krasucki, secrétaire général adjoint de la C.G.T., il l'a appelé « *Krasu* »! Et l'autre a répondu « *tu* »! Un mot du roi, vous disais-je! Sévigné, Du Barry pâmées par un « *il fait beau* » de Louis XIV ou de Marie-Antoinette!...

Et le pire est que cela risque d'aboutir, ces agaceries — Céline dirait : ces branlettes! Excuse-moi, lecteur, mais quoi, tu as deviné que le rapport des gros bataillons de gauche à ces allumeuses-allumées est phallocratique. Mol ou dur, le marxiste est mâle : je ne juge pas, je constate. Et que peut contre lui une femellité qui n'a pas l'arme du refus, pas même de la réserve, offerte, ouverte, humide, bâillante à perpétuité? Qu'obtient-elle, sinon des rires égrillards, des caresses ou des claques distraites sur les fesses, et un coup en passant parce qu'on l'a sous la main, comme dans le fameux film de Becker avec Jean Gabin « *Je t'aime, tu sais, Gus! — Oui, j'arrive, j'arrive...* » Mais il reste qu'en France, à l'heure où j'écris ces lignes, l'abjection de la Droite, la crise économique et cette hyperfolliculine chrétienne jointes ensemble peuvent donner à notre histoire une grossesse nerveuse, voire même un horrible et triste enfant de vieux... Il aura pour berceau le bordel ou les barbelés, ou les deux. Mais Dieu, qui plaît, aura sa petite place au baptême...

*

Si je vous le disais, pourtant, que je vous aime, nigauds, gogos, masos, zozos et cocus de cocos !

Non, c'est trop tôt !... Je suis au regret de révéler à cette occasion que la fameuse maxime « *Aime et fais ce que tu veux* », de saint Augustin, s'applique dans son texte à l'anathème des hérétiques et signifie à peu près : « *Frappe-les aussi fort que tu voudras, pourvu que d'abord tu les aimes.* » Mais moi, n'étant pas saint, j'inverserai cet ordre. Je frapperai d'abord, je frapperai encore, avec d'autant plus d'entrain que c'est en vain, que je suis seul et que l'adversaire ne risque rien, tandis que si demain voyait venir en France une machine à laver les âmes munie du bras séculier, mes bons Pères prendraient le parti des bourreaux avant de me rejoindre, bien plus tard, et peut-être pas de leur gré, parmi les victimes. Ils seraient du côté du manche et moi de la terre remuée... Je prie qu'en me lisant on ne l'oublie pas trop et je continue à crier...

*

Et maintenant, quand même, un peu de politique!

Et tout d'abord, mes Pères, assez du socialisme! Assez, « *ras l' bol* », fini, râpé, comme on voudra!... J'ignore quel génie a pu inspirer jadis, à Proudhon : « *Votre pensée, Monsieur Marx, me fait peur pour la liberté des hommes* »; à Nietzsche : « *Le socialisme se prépare en silence à sa domination par la terreur* »; et à Flaubert lui-même, dans l'ouvrage où il prend feu et flammes pour les émeutiers de 48 : « *Le socialisme et sa caserne universelle* »... Je l'ignore, et de plus, désormais, je m'en moque, car aujourd'hui on n'en est plus aux pressentiments géniaux. On sait. On sait d'expérience. On sait, comme l'a dit Dominique Desanti, que le socialisme, dont la doctrine vise à consacrer les libertés civiles de l'homme par ses libertés réelles, supprime les premières sans jamais donner les secondes! On sait que le capitalisme et le socialisme ont une racine commune dans une conception rien qu'humaine de l'homme, et que le mal de l'un a longtemps appelé l'autre comme remède, et que partout et toujours le remède s'est avéré pire que le mal — nous ôtant même le droit de le dénoncer! — et qu'il est matériellement établi que le capitalisme au surplus avancé entretient mieux son homme, ou ce qu'il en laisse... A l'heure où j'écris ces lignes l'Union soviétique manque — tenez-vous bien — de pain! Et il nous est révélé en avalanche que les institutions-joyaux de son socialisme, la médecine, la sécurité, l'éducation, bref la « *Promotion Sociale* » de mon dominicain entre poire et fromage, fonctionnent à la tête du client et au pourboire!

Voilà des faits. On peut discuter des raisons. Je les donnerai toutes et vous livre pour le moment cette maxime, destinée à toucher en vous l'évangélisme : *le ressort de la haine commune à certains hommes contre une catégorie d'autres hommes engendre inévitablement chez les premiers la haine les uns des autres!*... Bref, chrétiens, à cette heure où nous avons ensemble à rompre la malédiction de notre monde en toutes ses idéologies possibles, où nous avons ensemble à imaginer — au moins à imaginer! — *autre chose*, le ralliement présent, étourdi et folâtre, d'une part de l'Église à « *l'option socialiste* », la décision ouverte de remplacer la misère et l'esclavage capitaliste par un pire esclavage et une pire misère est un crime cosmique et un affreux scandale, témoignant d'une absurdité insurpassable ou d'une abjection spirituelle inouïe, ou des deux! Il fallait que ce fût dit.

Et voilà la tragédie où vous nous précipitez. Et voilà pour le deuil et le tourment que vous m'êtes!... Non, je n'ai pas fini, car j'examinerai un à un vos plus sublimes prétextes. Pour l'heure qu'un dernier mot suffise à cette solennelle mise en alerte. J'écris ces lignes à la fin de l'année 1975, où les deux hommes les plus illustres du monde ont dénoncé en même temps et sans s'être consultés le dessein soviétique de goulaguiser à brève échéance la planète, et identiquement analysé ses méthodes, ses moyens, et la situation mûre et les chances quasi certaines. Et ces deux hommes n'ont rien de commun l'un avec l'autre, ni avec l'Amérique, et tous deux cependant admonestent et supplient les Américains d'exister et de résister!... Ah, qui ne tremblerait de Mao Tsé-toung et Soljénitsyne ensemble! Et vous, pendant ce temps, à la porte de Versailles et dans tous vos patronages...

Assez, assez pour l'heure... Je crierais trop, je ne veux pas encore éclater... Assez de tragédie mondiale! Un peu de farce au village!... Quand finirez-vous par admettre, mes Pères, cette triple réalité politique de doulce France, *à savoir que la Gauche ne veut pas le pouvoir, ni le prolétariat la révolution, ni les travailleurs l'autogestion?...* Le premier point n'est que trop clair depuis quarante ans. Tout le monde a vu cette image extraordinaire de Léon Blum prenant le gouvernement, image présentée dans tous les films à sa gloire. Il clame d'une voix criarde et pathétique : « *Non, nous ne sommes pas de ceux qui disent : " Je n'ai pas voulu cela! " Non, nous ne sommes pas de ceux qui disent " Écartez de moi ce calice!* " » Psychanalyse évidente! Il nous avoue ses hantises en les niant! Il les nie pour pouvoir encore nous les dire! Et depuis le fiasco, joué dès ce jour-là, du Front populaire, la Gauche a compris son rôle et s'y tient farouchement : donner des leçons de morale et se plaindre!... Que le prolétariat ne veuille pas la Révolution, nous le savons depuis le *Que faire?* de Lénine (1913) : « *Le prolétariat est naturellement réformiste.* » La dernière contre-épreuve, tragique et presque sublime, fut faite par nos maoïstes, cherchant et parfois trouvant cette fraction ouvrière qui, en juin 68, était rentrée dans l'usine à contrecœur ou avec des pleurs, et la réanimant pour agiter le reste. Peine perdue, pour l'heure, et parfois sang répandu... Quant à l'autogestion, éminent sujet de symposiums, l'animateur de l'usine la plus autogestionnaire de France, celle qui fit rêver le peuple par ses débuts de passages à l'acte, me confiait, le 28 août 1973 : « *Pour aller plus loin nous ne serions guère que vingt pour cent.* » Et lorsque les travailleurs ont toute licence d'y passer, comme récemment dans le Rhône, ils la refusent et choisissent un patron!... Qu'y puis-je?... Il est vrai que leurs chefs politiques les paralysent avec cette déjà vieille tarte à la crème : « *L'autogestion n'est pas possible en régime capitaliste* »... Et en régime socialiste, donc! Voyez-vous un parti qui prenne le pouvoir pour le remettre à la base? Un comité central se faisant révocable? Un jeune et remarquable disciple de Foucault, M. Ewald, commentant son livre sur les prisons, nous suggère de réfléchir sur les simples mots de « *Centrale syndicale...* »!

★

Et si nous la faisions, nous, la Révolution?

Mais non, je vais trop vite et vous répondez à mon analyse : « *Justement, si tout cela est un jeu qui ne tire pas à conséquence, si nous ne réussissons rien de réel, de quoi te plains-tu? Qui t'épouvante? Comment peux-tu nous accuser la plupart du temps d'insignifiance impuissante et parfois de* *pouvoir calamiteux? Tu es contradictoire! Choisis!* » Et moi je rétorquerai d'abord que mon principal sujet de deuil est la foi, que vous faites perdre. Que Dieu soit perdu au profit d'un ordre totalitaire me désole. Mais que Dieu soit perdu pour rien, pour rien au monde, ne me console pas de sa perte. Malheur absolu dans les deux cas. Mais soit, je conviens que j'étais un peu trop simple. On a beau *conjurer* le pouvoir, comme la Gauche, aux deux sens du verbe : tout faire ouvertement pour l'atteindre et secrètement pour l'éviter, il peut vous tomber dessus. Le citoyen, sans penser à mal, risque de faire de son urne votre calice. Dans un pays où tout se joue à un pour cent des votants et où « *les curés basculent* », Marx peut nous arriver par ce gag des frères Marx. Personne ne le voulait, tout le monde l'aura voulu et sera bien attrapé — même le Parti, comme en Mai 68. Mais cette fois il lui faudra bien faire face... D'autant que les secours peuvent venir de l'Elbe et qu'elle est si petite, l'Europe occidentale*!... Dès lors, pour récapituler, de deux

* Je rajoute, en dernière heure : l'actuelle « scission » entre les trois grands partis communistes occidentaux et l'Union soviétique durera évidemment le temps qu'il faudra pour qu'ils prennent le pouvoir, en tout ou partie, grâce au brevet d'indépendance qu'elle leur donne. Nous sommes, reste de l'Europe, un fruit mûr, qui tombe... Je le dis en sachant qu'on ne me croira pas...

choses l'une : ou la gauche pourra esquiver le pouvoir et vous aurez perdu à la fois Dieu même et vos espérances cléricales, voilà l'insignifiance impuissante ; ou non, et vous, par ce qu'il faut bien appeler un jeu de cons, à vous seuls vous aurez assuré l'installation du Goulag en France et en Europe ! Voilà le calamiteux pouvoir que vous procure un hasard. A frémir, à pleurer, à rire aussi, d'un rire terrible... Je n'avais donc rien de contradictoire en vous trouvant à la fois dérisoires et sinistres.

Mais il me vient une intuition supplémentaire... Oh bien vague ! Je vous la confie comme à mon ombre... Et peut-être jaillie d'un besoin de consolation comique... Pourquoi la Gauche, au fond, ne veut-elle pas le Pouvoir ?... Parbleu, parce qu'elle l'a ! Parce qu'elle en a le meilleur ! De quoi se compose-t-il en effet ? Des charges et de la gloire — ou du vedettariat. Au temps des mass media, c'est ce dernier qui compte. Regardez avec moi MM. Séguy et Maire en tête de gros cortèges banderolés se tenant par le coude ou par le petit doigt et répondant à la télé des « *Ah ça mais !...* » ou des « *On verra ce qu'on verra !* » Scrutez-les ! Qu'est-ce qui perce sous le masque farouche ? La joie ! La joie la plus débonnaire ! Ils sont là ! On les voit ! Ils se touchent pour s'assurer de leur rêve ! Rien de socialement plus haut que ce duo, à moins de s'étriper avec les bourgeois, voire l'un l'autre : honnêtement, cela vaut-il la chandelle? Et M. Mitterrand invité en gros plan à juger chaque décision du Président, que respire-t-il? Le légitime sentiment de son magistère. Passer en second, mais pour blâmer : position moralement dominante. Or la Gauche est morale. Par suite elle est très contente. Ses deux soucis majeurs sont donc le temps d'antenne — elle se barde de chronomètres — et une masse électorale asymptotique à la moitié du pays pour avoir droit à la moitié du temps d'antenne, le tout lui permettant, par l'effet de notre civilisation même, de réaliser le vieux rêve du Pouvoir sans obligation ni sanction! Mais la marge est étroite. Comment savoir si on ne gagnera pas les élections? Quelle assurance, mes Pères, contre votre éventuel jeu de cons? Je présume que si la victoire menace dans les sondages, la Gauche donnera quelques coups de boutoir anticalotins de dernière heure! Mais enfin, mais enfin, tout peut dépendre d'un rien... Bref, vous voici pareils à ces maîtresses d'appoint qu'on décommande in extremis par téléphone en cas de fatigue; mais si on n'a pu les joindre et qu'elles viennent quand même, vous vous exécutez et elles vous achèvent... Telle est mon intuition, vague et vaudevillesque, sur laquelle j'en termine avec la politique politicienne...

*

Si Dieu était gauchiste? Je veux dire : capitalisme et communisme nous enfermant dans un seul camp de concentration — spirituel partout, matériel ici pour les pauvres et là-bas pour tout le monde —, serait-il vrai que Dieu seul peut nous libérer de tout, notamment de vous, en suscitant de nouvelles Églises invisibles, avec tous leurs risques d'incohérence? Faut-il le craindre? Est-il permis de l'espérer? Je n'ai pas encore de réponse. Je ne sais pas s'il en est une possible... Mais vous-mêmes, ne remarquez-vous pas, bien chers Pères, que vos ferventes faveurs s'adressent surtout à la Gauche qu'on appelle organisationnelle, aux formations puissantes et rassurantes? Vous êtes, vous avez toujours été beaucoup plus tièdes envers les gauchistes. Même le noble et pur Montaron, de *Témoignage chrétien,* dans son beau livre de bilan *Quoi qu'il en coûte,* passe rapidement sur Mai 68 : il n'en est pas foudroyé. L'assassinat de Pierre Overney l'émeut plus que ses obsèques ne l'électrisent : il n'y avait que les gauchistes et le peuple... Et là, mes Pères, j'ose voir une contre-épreuve de votre appétit secret de puissance et de bonne conscience jointes : secret, bien sûr, à vous-mêmes... Car beaucoup de gauchistes, non contents d'être faibles, sont tourmentés : ils ne se supportent pas, ils se perdent, ils font des folies, ils désespèrent. Il me semble souvent que c'est pour ne plus mentir, pour ne plus se mentir, oui, pour réajuster, quel qu'en soit le prix de douleur, leur esprit et leur être. Cela sent diablement le combat spirituel, n'est-ce pas? Du moins votre aversion semble le reconnaître.

Et c'est pourquoi ils sont ma famille. Je les aime. Leurs folies ne sont pas folles. Leurs désespoirs ne sont pas stériles. Ils se dissolvent, se dispersent, disparaissent — Cause du Peuple, V.L.R.* — comme le grain meurt en terre. Bref ils cherchent et ils payent, et ils seront payés. Et de plus, eux, ils pensent. Non point d'une « *pensée engagée* » — engagée, donc, dans quelque chose de déjà là: c'est ainsi qu'on ne pense pas! — mais pas dégagée non plus: disons en prise et aux prises... La rupture avec Marx leur fut très dure à vivre... Deux d'entre eux, qui sur une terrasse de Pékin, à vingt-cinq

* Vive la Révolution. J'ajoute qu'en écrivant ces pages, je n'avais pas encore lu *l'Ange,* de Lardreau et Jambet.

ans, avaient pleuré de joie ensemble en disant « *C'est arrivé!* », le jour où ils se sont dit ensemble « *Ce n'est pas ça* », ils ont failli en crever... Mon plus intime jeune ami pourrit loin de moi, plongeur de bar à Venise, usé comme toutes ces eaux sales et mortes, et m'écrit qu'il me hait pour mon *Ce que je crois* sans me laisser d'adresse où répondre : j'ai peur et à la fois je ne l'ai jamais senti si proche... Et Christian, au visage d'archange assassiné — il le fut, par un flic, et vécut de justesse — Christian vient de passer un an de solitude à se chercher du côté de Nietzsche. Et je lui ai dit un soir, à l'heure de l'au-revoir, sur son palier, je ne sais pourquoi : « *La seule réponse qui fut jamais aux sublimités de Nietzsche, c'est de laver les pieds de ses pauvres cons de disciples* », et il m'a répondu, après un temps : « *Qui sait?... J'étais, au fond, assez horriblement bienveillant avec les paumés de mon Comité de Lutte, ceux que nous appelions entre nous les " pommes "... Je n'ai jamais lavé, de son vivant, les pieds de Pierre Overney* »... Bref, ils cherchent et ils paient, et ils seront payés, je ne sais pas encore comment. Les survivants auront une pure puissance, d'une nature nouvelle, que j'ignore et que je verrai peut-être... Je vous les donnerais volontiers pour modèles, mes Pères, mes humanitaires apôtres, si tout en vous n'était refus de leur tourment. Ils cherchent au péril de leur vie des Transcendants et pour votre paix vous avez aplati le vôtre...

O Nietzsche!... O mon Ennemi que vous me feriez adorer, mes Pères! Car vous avez enfin offert à la lumière la collusion abjecte et qu'il abominait entre les idolâtres exsangues et abusifs du Nazaréen et les fils humanistes qui ont tué le Père par avarice! Multitude, rancune, justice vindicative sanctifiées, tout y est! Nietzsche qui a été fou parce qu'il était faux en dernière et absolue analyse, et que vous confirmez en comblant ses mépris!... Un monde humain où Jésus-Christ a sa place! Quel triomphe! Qu'il rit et danse sur ses glaces! Vous avez fait passer la beauté chez ses ruffians! Il a touché Christian et voilà qu'il me tente... Non, il ne faut pas moins pour m'arracher à lui que la foudre à travers l'abîme! Elle seule a pouvoir de vous agenouiller avec serviette et cuvette aux pieds des paumés! Et je dois me ressouvenir désespérément désormais qu'un jour elle m'a saisi, que j'ai vu mon Néant et que la sainteté est Substance et cette Substance Gloire! Ah, qu'il faut s'y accrocher, ainsi qu'à la Vierge Marie reine des anges, pour oublier les diadèmes électriques des Alpes de Nietzsche dans les orages, et son alcyonnienne envergure, et pour ne pas cracher éperdument avec lui dans votre court-bouillon de culture, infusoires!...

Pardon!... Mais quoi, c'est vrai qu'on ne peut être démocrate et habiter ou hanter les Dolomites, si au moins une fois elles ne deviennent un Sinaï!... Comme il est vrai qu'aux forgerons et démiurges de mondes visibles on ne peut opposer que les invisibles : à Staline, pour faire le poids, que Matriona et les irradiations de la terre russe issues du travail interne de sa justice — sa justice, si loin de celle de vos tréteaux! Je dois le dire, dussé-je vous avoir encore aux mollets : la tentation fasciste est d'abord celle du surhomme, celle des cimes, oui, de cette Montagne où le Monde est Empire, et non la « *collusion apeurée du grand capital et de la petite bourgeoisie* », minables! Le fascisme est d'abord une rupture interne avec ce qui amoindrit : il est toujours né du marxisme! Il est mauvais, avec quelques beautés du Mal! Dieu m'en a préservé, mais je n'y puis résister encore que sous réserve de rester sec et pur comme du roc, abrupt comme falaise et colonne dorique, fort en amour comme le plus pur alcool, à condition de renfoncer et de renforcer mon cœur en moi-même, là où Pascal le pressent, ô combien plus profond que ce gros palpitant des émois de Jean-Jacques, voué par sa nature et sa postérité à se relâcher comme un ventre ! C'est ce qu'on appelait autrefois l'exigence, l'ascèse, ou encore, plus simplement, d'un mot qui déchaîne les glapissements imbéciles, la Force ! Je m'accuse de n'avoir pas toujours employé les mots « *fort* » et « *vaste* » comme Charles Baudelaire ! Je ne m'accuse pas de ma dure rupture avec Charles de Gaulle, ni d'avoir essayé d'amplifier contre lui le sismographe et même le séisme de Mai, mais de l'avoir une ou deux fois asticoté en compagnie de quelques vibrions et spirilles !

Il est un fol amour dont Dieu veuille que j'aime ! Il est un mol amour dont je ne vous aime pas ! Mais ça, comment le faire admettre à votre lymphe ? Tenez lorsque M. Henry de Montherlant m'emprunte le titre du dernier manuscrit paru de son vivant. « *Aimons-nous ceux que nous aimons ?* », j'en suis honoré, camarades !... L'amour est ce qu'il y a de plus difficile au monde, parce qu'il y est impossible. Les spécialistes, les patentés de l'amour de l'humanité m'écœurent — sauf Don Juan, quand il en fait la raison de son aumône, mais justement ce fut sa plus belle farce !... Ghéon se demandait en 1915, au front : « *Est-il humain d'aimer les hommes ?* » Non, c'est divin, « *Aimez-vous les uns les autres comme je vous ai aimés* » ne souffre pas l'interruption d'une virgule. C'est d'un trait, et Jésus n'y donne pas le modèle, mais la matière de cet amour : Lui-même. Pardon si je fais le scribe, c'est contre les pharisiens ! Christ est Amour et il accomplit la Bible. L'Amour est Christ : sinon pourquoi rajouter à la Bible ? Christ est Amour et l'Amour est Christ : à part ça, l'O.N.U...

D'ailleurs, au nom de quoi, de quel droit, pourquoi les aimer, les hommes ? Quel privilège, dira Lear supralucide sur sa lande, à cet animal nu et fourchu ? Qui fait, qui vaut que nous nous aimions ? La Nature ? On s'y mange, mon bon Jean-Jacques... La sympathie instinctive ? Scheler, le seul penseur sérieux de la sympathie, est aussi le grand dénonciateur du « *ressentiment* », l'obscur ressort de nos humanismes justiciaires... La liberté, la personne humaine de Kant, fin en soi ? Foutaises, laïquement pieuses ! Le divin et indépassable Sade est déjà dans Kant et le ronge, comme l'a fort bien vu le génie de Lacan. Sartre se prend les pieds entre son pour-soi qui libère et son pour-autrui qui pétrifie. Et la libération totale de mon être, évidemment sexuelle, se range sous ma Dame de la tour Montparnasse, le droit au plaisir impliquant celui des supplices !... Ah, comme il faudrait tout reprendre à l'envers et par en dessous depuis le protozoaire où nous aboutissons en Deleuze et voir dans le désir déjà une espérance!... Mais qui peut déceler à coup sûr l'espérance s'il ne l'a?

Et la Charité même, en acte et en pensée, qui la saisira?... Un maître hindou qui dirigeait des hôpitaux à Bénarès et des maisons de prière et contemplation dans l'Himalaya, disait : « *J'envoie le plus souvent possible nos infirmières dans les couvents de montagne pour réparer les dégradations spirituelles que ne manque pas de produire en elles l'exercice quotidien de la charité.* » *Sic*, mes Pères!... Rita Hayworth, visitant une léproserie d'Insulinde, disait à une sœur : « *Je ne ferais pas cela pour des millions de dollars. — Moi non plus* », dit l'autre. Admirable, et pourtant la sœur était déjà mûre pour l'Himalaya, imperceptiblement pharisienne : elle n'aimait pas assez Rita... Et Bérulle : « *Dans les premiers temps de votre conversion ne vous risquez à la charité que, pour ainsi dire, par prudentes sorties et petits coups d'essai.* » J'avoue que j'y suis depuis dix ans, à ces coups d'essai : mes premiers temps sont longs... Et certes Bérulle dit encore : « *Abandonnez la contemplation de Dieu dès qu'un pauvre vous demande.* » Sans contempler, j'essaie. Mais comme il faut savoir que Dieu me le dit, d'aimer, pour n'être pas toujours trop indigne du pauvre! J'ai mentionné les six heures de prière de Vincent : comprend-on maintenant qu'elles étaient nécessaires ? Et quel pur feu du ciel d'abord dévastateur fallut-il à François d'Assise pour être un jour entendu de ses habitants les oiseaux ! Je n'aime pas les hommes, j'espère pouvoir un jour les aimer. La plupart de mes tentatives me rebutent, accusant mon vide. Je donne du vent, comme ce radiateur que je purge. Il faut être trempé en Dieu, non, trempé de Dieu pour aimer : mourir et ressusciter — c'est parfois possible, par grâce — de l'incandescence de cette haute tension qui passe...

Mais j'arrête : rien qu'en parler me désespère. Je pense toutefois en avoir assez dit, lecteur ami, pour que tu comprennes quel Amour est prostitué par des chrétiens sur des estrades politiciennes dans la sécurité sociale de l'intime et le bonheur balisé de l'humanitairerie.

*

Je pense à toi, Hélène...

Tu ne me connaissais pas, moi non plus... Tu m'avais téléphoné d'une voix timide, presque inaudible... Distinguant que tu étais une ancienne de V.L.R. — à vingt-cinq ans — et que tu désirais me faire lire un texte de toi, selon la suggestion de notre ami Étienne, un pur, un vrai, je te demandai de venir...

Tu vins... C'étaient déjà les épreuves d'un petit livre *, retraçant l'aventure de votre communauté maoïste à Gargenville, près de Flins, partie pour changer la vie et le monde, et bientôt divisant les pauvres et se déchirant. Tu me dis que les camarades qui l'avaient lu n'étaient pas tous emballés, parce que tu avais « *mis de la poésie* ». Je pris peur. Je songeai à cet affreux romancier qui m'avait confié : « *Je fais mon brouillon et après je mets le style* », si bien que je pris les épreuves de tes mains et les feuilletai d'un air hypocritement pénétré, pour n'avoir pas à répondre...

Au bout de trente secondes je me levai — toi aussi — dans le silence. Tu n'avais pas mis de la poésie, Hélène. La poésie t'avait prise en elle. Je te saluai. Tu rougis. Puis je te renvoyai, pour te lire et relire... J'écrivis un article pour annoncer le premier enfant immortel de Mai, à inscrire dans une suite française d'*Aurélia* à la *Saison en Enfer* et à *Aden Arabie*. Tu avais cru écrire un livre désespéré alors que c'était le salut. Non point ton salut par un poème. Mais le début du

* Hélène Bleskine, *l'Espoir gravé* (Maspero).

nôtre, qui naturellement et au prix de ton désespoir s'était mué en poème. Un peu de la vraie vie, qui est ailleurs, était là. Et elle était là parce qu'elle avait habité chez toi, chez vous, près de Flins, dans ce groupe animé de loin par Étienne... Et il y avait surtout ce que bafouent nos prêtres : la substance plus vaste et profonde que nous de notre amour même...

Échec radieux. Je fus rasséréné d'avoir cru en Mai. Le livre aussi passa presque inaperçu, ton éditeur ayant pour les moyens contemporains du succès une admirable aversion qu'il étendait au succès lui-même... Qu'importe?... Le plus « intelligent » de nos critiques — homme d'union-gauche assuré — te donna des leçons de style du bout des doigts, raillant quelques métaphores enfantines. Mais tu es de ces parfums qui traversent le verre, et qui durent... Déjà tu m'aides. En ce combat tu me donnes force et lumière, ou plutôt la lueur qui justifie le guetteur d'y croire... Je t'écoute, au hasard de ma douce mémoire : « *La dialectique, tic, tic, tic, tic,... Incroyable, l'obsession des angoisses existentielles éliminées... Ah, déchirure! On fait semblant de sourire! Nous réduisons les cris individuels à l'individualisme! Il nous faut des bourgeois!... Je m'emmélange dans la machine à laver ma tête... Quand serons-nous tranquilles à étendre sur la corde nos chemises de rêverie?* » Et ceci, à l'extrémité de ta détresse : « *Paris n'accueille pas les retours de croisade... Alors quoi? Rentrer en province, choisir avec soin son programme de dimanche, et le journal parlé pour applaudir Mitterrand?* » Et ceci, diamant : « *Je m'en fous de la liberté, si elle n'est pas lac de tendresse, si ça ne me regarde pas quand tu prends ton pied, si la facilité tue l'exigence!...* »

Exigeante, invincible Hélène! J'ai changé de maison et j'ai classé ton livre à la place que j'ai dite... Je ne t'ai presque plus revue. Tu es aujourd'hui serveuse ou plongeuse, m'écris-tu, « *dans un restaurant pour nantis récents* ». Que c'est gentil pour les nantis! Comme tu nous aimes!... Je devine comment tu dois rincer leurs verres... Et je m'amuse aussi, songeant à l'épisode de ton poème où tu te fais engager à la cantine de Renault-Flins pour servir les gros-bras de la C.G.T. qui te tabassaient la veille, — quand tu distribuais des tracts maoïstes à la sortie — et ils te font virer *illico* par la Direction pour retrouver l'appétit!...

Pourquoi ai-je parlé de toi?... Je ne sais plus. J'étais tout à l'heure avec Nietzsche... Ah oui, pour revenir à mes pauvres moutons d'Église par un *Ave Maria* invisible digne des cimes et des névés de Sils-Maria... Invisible, car tu n'as ni foi ni loi ni culte qui tienne... Mais un jour où je t'invitai à la radio avec Michel Field et Glucksmann, débat où tu fus lente à accepter la parole, toujours timide, tu dis à l'un de nous, murmure spontané, que ton « *épreuve* » avait été « *judéo-chrétienne* ».

Tu avais cherché les mots. Tu les dis d'une voix douce. Ce fut tout. Mais à l'heure où aucun de nos curés culturels n'emploie plus le mot « *épreuve* », et moins encore l'épithète « *judéo-chrétienne* » — sinon, bien sûr, après « *liquider les tabous* »! — quel souffle, quel silence, quelles ondes de honte vers mon Église...

Heureusement qu'il existe toujours une fille...

★

O les nantis récents de l'idéologie!

Je vous oublie de plus en plus, mes révérends! Le sujet manquerait-il d'intérêt? Le lecteur me fait-il déjà un signe discret qu'après Nietzsche et Hélène vos fariboles l'embêtent? Serai-je fatigué de vous laver la tête et renâclant encore à vous laver les pieds?... J'y viens, j'y viens, faut bien, Dieu est dur, mais qui a dit, sinon vous, qu'Il était facile? Mais comme vous perdez chez vous et dans l'Église une foi qui me sauve et même, tenez-vous bien, me libère, même alors, même à terre, incliné, adonné à vos voûtes plantaires avec serviette et cuvette, attention : vous risquez encore quelques éclaboussures de rage, et que je vous chatouille et même vous charcute en vous ôtant les échardes des podions ! Pardonnez d'avance...

Je me disposerai à mon agenouillement par des aveux... Aussi bien j'ai déjà failli prier l'un de vous de m'entendre en confession, afin de lui faire éprouver la transcendance de son pouvoir de pardon. Mais outre que cela prétendait éduquer un prêtre et m'apparut sacrilège, ce Père était alors si pris par une vente pour les Chiliens que je n'osai fâcher son antifascisme et m'abstins. Bien m'en prit : peu après il ridiculisait par écrit, dans *Témoignage chrétien*, l'attitude de la prière !... J'aurais dû le lui confesser, que je priais, souvent, surtout quand je me dégoûte trop ! Mais il aurait pris ma misère pour un luxe ! Et comment lui avouer une posture commune avec l'archevêque de Santiago ?

Car on en est là ! Un militant magnifique de l'A.C.O. — Action Catholique Ouvrière — et dans une usine qui m'est chère, a renoncé à l'Eucharistie du jour où il y a vu son patron !... Bien mieux, j'apprends, en corrigeant les épreuves de ce livre, la protestation furibarde de cette même A.C.O. contre l'accès au diaconat d'un gardien de la paix... D'un gardien de la paix! Pas même d'un C.R.S.! Pas même de celui qui, du côté de Charonne, arrachant mon ami Joseph à ses collègues sous prétexte de l'achever, l'entraîne au coin d'une rue sombre et lui dit : « *File* »... Un gardien de la paix! Ce doux nom ne les a pas même amadoués! Que je serais content si j'étais polémiste! Mais aussi vrai que j'aurais pris un plaisir insidieux à les voir se caricaturer dans un léger ridicule, je suis triste à pleurer de les voir se parodier dans l'odieux...

Je ferai donc mes aveux assis, relax, dans le blanc des yeux — comme aujourd'hui, n'est-ce pas, au lieu de « *s'humilier* » on « *se réconcilie avec Dieu* » — et pour être plus sûr qu'ils soient bien entendus par des oreilles d'Église, les baptiserai « *Autocritique* »...

***

Je m'accuse que ni ma nuque ni mon dos n'aient eu de sueurs de glace à la sinistre apothéose de Marchais, Porte de Versailles. Pourquoi? Parce que j'étais invité, moi aussi, parbleu! Parce qu'on m'avait prié de venir faire culture, que j'en étais flatté, qu'ils paraissaient heureux, que j'avais bien parlé, qu'on m'avait entendu : quoi de mieux? Ils avaient même vendu pas mal d'exemplaires de mon dernier livre, *les Paroissiens de Palente*...

Et j'y tenais, j'avais cette faiblesse-là... Non de le faire vendre, mais de le faire lire... C'était un roman fidèlement inspiré de l'affaire Lip, histoire vraie d'amour vrai qui ne pouvait guère plaire qu'à ses propres personnages, étant donné mon hérésie évidente : n'y révélais-je pas, superposée à la répression patronale, étatique, policière, l'écrasement de ce rêve pur et profond, qui avait remué la France, par les hiérarchies ouvrières, par les « *Centrales* »?... Car ce rêve pur et profond pouvait se réaliser! Ils pouvaient par eux-mêmes faire la première usine du peuple en révolte, la leur! Ils nous disaient « *C'est possible!* » et c'était en effet au bout de leurs doigts, sur lesquels, donc, on avait tapé... Car il ne fallait pas aux Forces de la Gauche des bases révolutionnaires émancipées çà et là, mais des masses majestueuses politisées sous contrôle, non des paroles propres, mais des revendications par mots d'*ordre*, chansons aux couplets réformistes assortis de refrains révolutionnaristes. Le chant des Lip troublait déjà la vieille rengaine, leur foi le rituel de la sympathique lutte des classes. On le leur fit bien voir. Au sixième mois de la lutte, au début d'octobre, après une glorieuse marche sur Besançon qui m'avait évoqué Victor Hugo lui-même par l'élan populaire et la colère des éléments, un diktat syndical doublait l'ultimatum du pouvoir. On leur avait tout arrangé par la négociation, presque tout. La partie était gagnée, pour peu qu'ils consentissent à sacrifier une centaine de camarades, qui seraient recasés, leur assurait-on. Ce fut là que l'on vit en quelle région humaine s'était enraciné le rêve pur et profond. D'abord ils en pleurèrent. Ensuite ils dirent non, préférant tout perdre, mais ensemble. Cela se passait le 12 octobre...

C'est évidemment ainsi que se fera la Révolution, ou alors, je l'assure, elle n'en vaut pas la peine... Et je l'avais écrit. J'avais tout révélé, preuves à l'appui ou en réserve. Et le livre courait un peu sous le manteau dans les usines du Centre ou des Alpes, à l'insu de la C.G.T. : un semi-*samizdat,* en somme...

J'étais donc allé en parler à la Porte de Versailles, de cette épopée des pauvres qui elle-même n'avait pas tout à fait compris sa richesse, tant leurs états-majors avaient veillé au grain : grain de folie, grain qui meurt et germe.

Il me plaisait d'en entretenir des chrétiens. Je ne voulais pas qu'ils m'écoutent, mais qu'ils s'écoutent... J'allai jusqu'aux confidences et leur racontai sur l'affaire Lip des anecdotes en quelque sorte pirandelliennes : Piaget, l'âme de la lutte — pourquoi renouveler l'image, ici si juste? — Piaget qui tenait en respect les adversaires jusque par le respect qu'il leur témoignait, Piaget qui recueillait les fruits et les épines de vingt ans de pratique christique dans l'usine, avait lu sous mes yeux mon premier manuscrit. Je comptais, je devais déférer à ses avis par des coupures ou des retouches... Une fois, pendant sa lecture, je pris peur. Je voyais à l'envers qu'il lisait l'épisode où je discute dur avec son ami Burgy sur l'autogestion possible et la répression syndicale. Il semblait animé d'un certain tumulte intérieur, que je pris pour de la colère. Mais à la fin, dans un long soupir : « *Ah, dit-il, que c'est convaincant!... Que c'était possible!* » Une autre fois, lisant de violentes maximes où je prétendais secouer le ronron révolutionnariste, il en pointa deux dans un cri. Je me penchai. Mais là aussi, fausse alerte : « *Le Monstre Social a bon crocs, mais bon dos* », écrivais-je, et encore : « *Le Capital est tout entier dans le Diable, mais le Diable n'est pas tout entier dans le Capital* »... « *Ah çà oui!* » s'écria-t-il par deux fois. Cri de l'être. Ainsi réagit ce moraliste. On trouvera dans ce livre, où le léger décalage romanesque et son nom fictif m'y autorisent, ce qu'il me dit du Christ...

Cette lecture se passait au début de mars 1974, à Besançon. Trois jours plus tard, après avoir également soumis mon texte à ses camarades, j'allai prendre congé de lui et soudain lui dis, sans l'avoir prémédité, je ne sais pourquoi, qu'il lui fallait s'attendre et peut-être se préparer à des responsabilités plus vastes. Au préalable je l'avais prié de ne pas répondre, et il ne répondit que par un air pensif. Au reste, un de ses amis venait me prendre... Pourquoi cette initiative, cette impulsion personnelle?... Au mois de juin, dès le début du conflit, avant même que l'on m'ait dit que c'était lui, son premier aspect m'avait fait un effet étrange : il passait de groupe en groupe, ou plutôt il allait et des groupes un peu tourbillonnants l'accrochaient, pour l'interroger, l'avertir, crier après lui, se plaindre, et il ralentissait sa marche sans l'interrompre pour leur répondre avec attention. Il me semblait qu'entre l'un et l'autre il battait un peu des yeux et secouait la tête, comme un plongeur qui émerge et s'ébroue, pour se disposer au suivant. Ainsi il avançait en tournant sur lui-même de part et d'autre, et les essaims se diluaient en sillages calmes... Soudain, il me sembla avoir déjà vu cet homme... Comme c'était impossible, je cherchai dans ma mémoire qui il me rappelait... Personne... J'étais dans un état de malaise agacé, assez voisin de Proust avec sa madeleine, mais tout ne vint pas d'un coup... Je crus d'abord que c'était un personnage imaginaire. Puis je sus que c'était une figure d'autrefois, que j'aurais étudiée... Je pensai à un travail historique, et ne trouvai pas. Enfin je découvris que c'était le héros d'une pièce que j'avais traduite naguère : Lincoln, bûcheron en Illinois...

Rêverie pure... Mais pourquoi m'était-elle revenue, dans sa maison, avant de prendre congé de lui, si longtemps après? Peut-être qu'elle ne m'était pas apparue déraisonnable, après tout ce que j'avais vu de lui dans la longue lutte... Au reste, dès le mois suivant, la nuit de la mort de Pompidou, deux de mes camarades maoïstes se téléphonèrent, quelques secondes, juste pour prendre rendez-vous le lendemain à 9 heures, dans le local de *Libération.* Une fois là, le premier dit au second, avant même le bonjour : « *Le train est à midi et demi. — Oui, je sais* », dit l'autre. Il s'agissait, bien sûr, du train pour Besançon. On connaît la suite. Ils y allèrent, avec Krivine, suggérer à Piaget de poser sa candidature à la Présidence — et non pas en leur nom : en quoi ils étaient justes. Piaget, sage, décida de voir et d'attendre...

Alors la Gauche Organisationnelle eut des émois de fourmilière éventrée, déchira ses vêtements, couvrit sa tête de cendres ! Voyez-vous ça ! On aurait tout vu ! Même l'inimaginable ! Un ouvrier, vous entendez, un mécano candidat à la Présidence ! Le chef de son Parti et celui de son Syndicat le renfoncèrent aussitôt en son définitif statut de « *bon militant de base* », par des communiqués publics d'un dédain à dégoûter les bourgeois, classe polie et parfois un peu plus imaginative : après tout ce furent des gens de droite qui allèrent chercher Lincoln en Illinois. Et pour être plus sûr de lui rabaisser la tête à son modeste niveau, ils lui firent expédier par leurs fidèles affiliés de tout le pays des centaines, des milliers de télégrammes et de coups de téléphone le rappelant à sa condition. Nul ne songeait alors à la Cuisinière de Lénine, et qu'un chef de grand atelier, quadragénaire, dont la lutte récente avait secoué un peuple, valait bien cette illustre femme à ses fourneaux. Je l'appelai toute une semaine sans le joindre, les sections politiques et syndicales chargées de le guérir de sa paranoïa occupant la ligne. Il n'est jusqu'à ses camarades de l'usine qui, malheureusement instruits de l'affaire par la radio et assez justement choqués, ne se soient écriés, en Assemblée Générale : « *Charles en queue de pie! Charles arrivant en solex à l'Élysée!* » — et d'en rire!... Bref, rien ne lui fut épargné. Nous nous disions à la blague qu'il vivait sa semaine sainte — d'autant que c'était en effet la Semaine Sainte... Enfin il renonça, sous les assauts des siens, et eut la grandeur simple, peut-être légèrement ironique, passant ses jours au travail d'usine, de consacrer ses nuits à des meetings par toute la France pour le candidat unique, si ineffablement unique, qui l'avait fait évincer.

Et bien sûr on avait invoqué contre lui la stratégie, la tactique, le dynamisme unitaire et autres tartes à la crème, et le « *malentendu* » que créait sa « *diversion* » : ce pauvre cher idiot d'électeur français se fût égaré dans les nuances. En fait cet homme, cet ouvrier, aurait parlé un langage neuf au pays. Car il avait un langage : ainsi il disait rarement « *le socialisme* », plutôt « *une économie pour l'homme* ». Et si j'ose à mon tour entrer dans ces vains débats, il aurait apporté au candidat unique, entre les deux tours, des voix nouvelles suffisantes à le faire élire! Mais la peur de la base, l'esprit de caste politicienne et la tare d'avoir été appelé par des gauchistes le condamnèrent. Le résultat, comme on sait, comme la gauche l'avait peut-être rêvé, fut tangent par en dessous, après une campagne aux si confuses et contradictoires promesses que maints citoyens honnêtes, imaginant la débâcle à l'heure de l'addition et la réaction qui s'ensuivrait, votèrent pour M. Giscard d'Estaing par antifascisme!... Je ne sais si ce fut une lâcheté qui m'en retint...

Non... Je n'aurais pas pu... En aucune façon... Ce qui m'a retenu fut l'espoir sourd et profond dont je vis depuis Mai 68 et la Résistance... Espoir dans l'aptitude de notre peuple de France à se délivrer lui-même — comme on délivre un captif, comme on délivre une femme, comme on délivre un message — à la faveur d'une secousse spontanée où lui viendront enfin les mots pour se traduire, les gestes pour se lever, les traits pour achever son visage. Pourquoi des gens de l'extrême gauche sincère m'ont-ils dit des ouvriers de Palente : « *Nous les avons peut-être un peu banalisés* », sinon parce qu'il y eut alors en ces derniers, par-delà toute justice, une justesse venue à nous de si loin qu'elle résonna, consonna?... Au fond qui parle en France, et qui parle à la France?...

Dirai-je une petite expérience? Le lendemain d'une séance agitée de Télévision, où mon cri simple « *Messieurs les Censeurs, bonsoir!* » avait été précédé d'un film, appel révolutionnaire sans un mot en « *tion* » ni en « *isme* » — dont je sus qu'il avait touché le cœur des gens, surtout des ouvriers dans leurs H.L.M. — je tombai, du côté des Halles, par le travers d'un cortège cégétiste qui attendait le départ. Le service d'ordre latéral me tournait le dos. Soudain des dizaines de visages fraternels m'avisèrent, des mains se tendirent, un mouvement s'esquissa. Mais c'était surtout les sourires, si réciproques... Alors les larges dos du service d'ordre se contractèrent et bientôt les visages se remirent de profil : nul ne m'avait plus vu...

Gag de cinéma muet, drôle et triste, qui promet... Pourtant je suis de ceux qui croient avec Michelet que les murmures et les cris de notre peuple au fond et au long des âges annonçaient, annoncent encore la chance d'une parole, ses remuements l'avènement d'une personne. Pourquoi est-ce que j'aime tant les Français, quoi qu'on en ait fait? Ce peuple dont seul un poète a pu écrire une Histoire où il se pressente, je l'attends. Je suis assez vieux déjà pour l'avoir entrevu deux ou trois fois — au maquis, en Mai, à Palente —, et je ris de ceux qui ricanent du « *flou de cette catégorie-là* », dans la satisfaction de leurs grilles.

Mais patience, ardente patience... J'y reviendrai... Je terminai cette période électorale en déclarant à mes amis de *Libération,* sur leur demande, dans la nuit des présidentielles : « *La cause est désormais entendue. Pour vaincre la Droite, il faut d'abord se débarrasser de la Gauche.* » Boutade qui m'échappa, mais où je me tiens : inadéquate, certes, en ce qu'elle suggère le travail hercynien de renverser deux montagnes alors qu'un séisme fera le plus gros de la besogne... Encore faut-il se préparer dans les veilles à reconnaître ce qu'il sera humain d'achever, peut-être divin d'accoucher...

*

Ils se hâtaient de partout vers le repas, ces jeunes gens et jeunes filles, par milliers, dans l'air tiède de juin, lorsque je partis de la Porte de Versailles... La plupart des visages me paraissaient uniques, ou rares...

Dire qu'ils penseront ce qu'on leur dira de penser de cet ouvrage ! Par exemple qu'il fait le jeu des colonels grecs... Non, pardon, y'en a plus !... De Franco... Non, excusez, il est mort !... De Pinochet ! Voilà ! De Pinochet ! Je pinoche ! Il y aura donc toujours un fasciste en service sur le globe dont je ferai le jeu en criant que Dieu est Dieu! A droite on fait le lit, à gauche on fait le jeu!... Que répondre? Comment me défendre?... Dirai-je mes états de service antifascistes?... Non, car je pense trop à cette jeune actrice qui brisa ses débuts pour combattre au maquis et, rentrée revolver au poing dans la capitale, décorée hautement par les trois armées alliées, sollicitant bientôt un petit rôle à son syndicat libéré, se fit répondre avec des intonations de scandale : « *Mais enfin! Camarade! Vous n'avez pas fait de résistance théâtrale!* »... Non, je ne dirai pas ce que j'ai fait jadis dans les Pyrénées à ces libérateurs *in partibus* des Andes!

Franco n'est plus, qu'est-ce qu'on deviendrait sans Pinochet, je vous le demande! O le Chili! Qu'elle a bonne épine dorsale, cette Amérique latine! O long balcon sanglant tendu sur l'Océan et qui leur sert de passerelle d'éclairagistes! O défilé de la Nation à la Bastille pour cinq martyrs de la Résistance espagnole, où le P.C. casse la gueule à leurs amis rescapés! Poum sur le Frap*! Devinette : la différence entre les fascismes et le marxisme? Les premiers n'ont qu'un temps et lui l'éternité.

* Le F.R.A.P. est une organisation actuelle de résistance espagnole. Le P.O.U.M. était l'organisation trotskiste qui fut physiquement liquidée par le P.C. en pleine guerre civile.

Pourquoi? parce que son idéologie universaliste fabrique du flic supplétif gratuit en quantités plus industrielles. Quoi de plus beau qu'un ange gardien terrestre de son prochain? Le flic s'enracine dans l'intime. Ne cessent d'être flics que leurs victimes, et encore!... Les purs, les spontanés et les idéalistes du socialisme sont le béton liquide qui coule autour de l'armature de fer : cela sèche et durcit vite...

O J.O.C., agneaux bientôt égorgés, non mystiques!

★

Ce fut alors que j'aurais dû me lever. J'aurais gagné un an là où les heures comptent... Mais quoi, j'avais vendu mes livres et mes homélies anticonformistes, garantes de l'indépendance ombrageuse nécessaire à un futur ministre des Cultes... Marchais ne me fit ni chaud ni froid parce que j'étais content de moi et de mes fraternités faciles... J'avais aussi frôlé, deux ou trois fois, vers la même époque, tout ce monde néo-chrétien des « *soirées sympa* », où c'est tellement mieux, n'est-ce pas, de « *communiquer* » que de « *pratiquer* », où c'est gagné quand on peut dire « *c'était chouette* » — la messe, ce n'est pas chouette — où l'espérance est projet, à moins que le projet ne soit espérance, où la promotion s'assume et l'assomption se promeut dans le toujours plus humain, car on choisit résolument l'option des hommes! Allons nous étonner que le Programme Commun de la Gauche leur fasse une extraordinaire impression de plein! D'ailleurs il les emplit... Non, nuançons : il ne les emplit pas tout à fait, sinon qu'apporterait leur « *fervente présence* »? Mais ils ne peuvent pas l'avouer tout de go. Il faut d'abord donner quelques gages à la gogôche : déclarer, par exemple, que la défunte et détestable charité s'est muée chez eux en « *dévorante soif de justice* », pas moins : on va parfois jusqu'à « *inextinguible* », car c'est le point où il faut mettre le paquet pour se dédouaner de la vieille Église, avec la bonne conscience de la mauvaise conscience ou inversement... Alors, alors seulement, on peut commencer à murmurer, dans les coins, qu'il manque peut-être à ce Programme — comme à tous les programmes ! — un « *prolongement d'horizon* », à quoi subvient, bien sûr, le « *projet-espérance* », et peut-être une « *marge d'insécurisation* », à quoi peut conspirer, par son « *échappement* », ou son « *altérité signifiante* », Jésus, alors nommé « *Jésus de Nazareth* » : pour plus de sûreté dans l'insécurisation on joint quand même l'adresse au nom...

Comment ce magma peut leur masquer leur néant, comment M. Michel de Certeau, prêtre, peut proférer ce diagnostic admirable : « *Le christianisme ne dit et n'est plus rien de propre. Il est insignifiant. Vous en tirez ce que vous voulez. C'est n'importe quoi* », sans recouvrir aussitôt d'un voile sa tête authentiquement pensante, car sa dérive est seulement plus distinguée, je le dirai plus tard... J'en suis à m'accuser... Après cette Porte de Versailles, finalement frivole et offrant plus de prétextes que d'obstacles aux versaillais, je passai un été troublé par la mort d'un homme qui m'avait donné son amitié, et que mon amitié abandonna : Daniélou... Son cas se présentait mal aux hommes. Certes, dans la mesure où il avait toujours défendu la seule Foi, l'immoralité présumée de sa mort n'importait guère, et le déchaînement des chrétiens liquidateurs de « *tabous* » me révolta... Mais il avait aussi défendu la morale, notamment devant moi, et même contre moi, au cours d'une série de conférences contradictoires, et je confesse que je commençai par flétrir son éventuelle double vie avant de songer à ses souffrances...

Et puis un souvenir indifférent me revint, qui me donna une déchirante hypothèse. Ces conférences étaient évidemment fraternelles et nous plaisaient. Après en avoir donné trois, deux ans plus tôt, nous avions accepté du meilleur cœur une quatrième, à Liège, et je m'en étais remis à lui pour l'organisation et les dates. Or, plus jamais je n'en entendis parler. Je n'osai le relancer. Bientôt il m'écrivit, sur le plus charnel de mes romans, quelques lignes profondes, mais qui n'appellaient pas de réponse... Puis il mourut, comme on sait, ou plutôt comme on ne sait pas... Mais certains bruits faisant remonter son lien humain — pur ou impur, en tout cas unique — à environ un an et demi ou deux ans, je crus comprendre la raison de son long silence : il aurait renoncé à prêcher la morale sur les estrades, sans pouvoir m'en dire la cause, à moi comparse. Il aurait renoncé à entrer en hypocrisie. J'imaginai sa solitude en ce secret — ou en cette lutte — et sa douleur m'envahit...

Alors je voulus écrire un livre, non tant à la défense de sa mémoire mondaine qu'à la gloire de son esprit et de son âme, et à l'illustration de ce mystère insondable qu'est l'instant singulier de notre mort à tous : un cri chrétien, si possible, au moins un, entre les deux camps acharnés par politique à son « *innocence* » ou « *culpabilité* », si indifférentes à la Grâce... On savait pourtant qu'il aimait Dieu. Mais en politique il ne supportait guère la Gauche : sûr moyen de n'avoir pour soi presque personne... A mi-chemin de Dieu et de la politique, je le rappelle, il estimait que le raid des maoïstes contre l'épicerie de luxe Fauchon était « *un geste des prophètes de la Bible* » : il l'écrivit pour mon journal et cela toucha Le Dantec en sa prison. Ceux qui le contestaient dans l'Église y virent folâtrerie et snobisme. Et moi je savais que non... Et leur fureur me fut peut-être un premier indice de ce néo-cléricalisme de gauche, que je fus lent à comprendre...

Je voulais donc partir de lui et parler de Dieu. Partir de ce fait divers « scabreux » pour le creuser jusqu'en son cœur vers le Mystère — car enfin nous mourrons, producteurs ou non, mes frères ! — inonder de lumière infinie et gratuite les points de suspension d'un rapport de police. Montrer à l'œuvre, au lieu de seulement la dire, la subversion des valeurs humaines par l'Évangile. Bloy ou Bernanos l'eussent fait. Je n'en avais pas le génie, pas même la vigueur symphonique ou polyphonique. Entre-temps quelques échos circulèrent sur mon projet, déclenchant une campagne de presse intégriste que je puis dire immonde, puisque jugeant d'une œuvre dont j'ignorais tout encore, n'ayant pas écrit une ligne... Je ne reculai pas sous le coup de leurs intimidations, mais devant mon insuffisance, avec le goût amer et presque le remords d'abandonner un ami défunt, et donc sans défense, à toutes ces petites haines grouillantes et jubilantes en cette Église, en cet Ordre qu'il avait si longtemps servis et ennoblis — pour rien, sans aucun salaire d'aucune sorte, car les honneurs lui étaient venus assez tard et il les avait accueillis d'un œil amusé...

On m'assure que sa première nuit mortuaire, en sa jésuitière, fut aberrante et atterrante de honte — non de la sienne... Je n'en ai pas de preuve, mais la simple atmosphère d'un déjeuner où il m'y pria m'incline terriblement à le croire... Nous étions comme en quarantaine à notre table... Puissent ces quelques lignes réparer un peu ma faiblesse, d'autant plus grave que lors de ses obsèques à Notre-Dame, avant le scandale, j'avais pu voir toute une foule de jeunesse intellectuelle aux beaux et purs visages — sans doute ses élèves ou anciens élèves — et que c'était peut-être à moi d'apaiser leur désarroi, plus tard, et que je ne l'avais pas fait...

Je ne dis pas que je devais des âmes à Dieu! Loin de moi toute prétention apostolique... J'étais à Vézelay, en assez triste état, dans la joie de mille chrétiens charismatiques, qui m'aidèrent... Je voulais encore écrire et n'osais guère... Vers la fin d'août j'acceptai, je ne sais pourquoi, une longue interview de radio sur la foi. L'animateur, M. Paugham, me rappelant au début le mot de Pascal « *Dieu seul peut parler de Dieu* », m'y faisant souscrire et me demandant aussitôt avec ironie : « *Alors que faites-vous là?* » m'interloqua, m'inclinant encore vers le silence... Toutefois la suite de l'émission — car il fallut bien parler, quand même — donna quelques atteintes à certains : du moins, ils me l'écrivirent... Et bientôt, sur le point de jeter au feu les notes préparatoires de ce livre mort-né sur le Cardinal Daniélou, j'y vis quelques pensées sur la Philosophie et la Foi, dont j'ignorais la valeur, mais qui ne semblaient pas avoir été dites ailleurs, du moins depuis Kant et sa *Critique,* et encore en son esprit d'origine... Ce fut donc pour me consoler de mon échec intérieur que j'écrivis un *Ce que je crois,* sans y croire — j'entends sans espérer le moindre succès, en des dispositions d'esprit confidentielles, testamentaires, pour nulle autre postérité que la mienne... Je le récrivis trois fois sans pouvoir m'en satisfaire et le lançai comme une bouteille à la mer.

La foule sur la rive me stupéfia... Avais-je retrouvé celle de Notre-Dame?... Un mot revenait toujours dans les lettres et les articles, conjugué, décliné : libérant, libération, libérateur, libéré... On « respirait », aussi... Chose étrange : tout n'était pas tellement dû au vécu de ma foi, au récit de ma conversion, d'ailleurs réduit à une trentaine de pages, mais à la pensée, pourtant purement critique, qui n'avait à mes yeux d'autre mérite que son audace : rompre avec toute la philosophie occidentale depuis deux siècles, depuis Kant. Si j'en juge par d'innombrables témoignages, l'effet fut inouï. Des prêtres retrouvaient la foi ; d'autres se trouvaient confirmés en elle ; d'autres, comme j'ai dit, très vieux et ridicules à leurs cadets, mouraient mieux. D'autres gens, simples et fermes croyants, m'assuraient qu'ils savaient enfin que répondre. D'autres, d'autres surtout, la plupart, des milliers découvraient à me lire qu'ils l'avaient déjà, la foi, et qu'ils n'avaient jamais osé la formuler, ni seulement la reconnaître au fond d'eux-mêmes, à cause, disaient-ils, je cite, de notre ambiance culturelle et de sa terreur diffuse...

Quel choc, quel enseignement pour moi, au long de tant de semaines ! Il se trouvait qu'une modeste offensive philosophique — dont je puis jurer qu'elle était désespérée — un commando-suicide, avait fait la percée. Il avait donc suffi de dire non et de préciser pourquoi. La terreur était là et ne résistait pas à la résistance. La terreur était fatiguée... Ainsi, me semble-t-il, je n'ai inspiré ni communiqué Dieu à personne, mais levé chez beaucoup les obstacles internes d'un Goulag idéologique et culturel qui Le refoulait... Quant au bref récit de ma « *maladie mortelle* », qui circule aujourd'hui dans beaucoup de cliniques et de familles en détresse, il aida les malades à guérir de leur mal par la reconnaissance de son origine spirituelle... Ma joie, d'avoir servi enfin à quelque chose et d'être dépassé par mes propres écrits, d'avoir été le rien qui libère le tout et change tout chez certains, je peux dire aujourd'hui qu'elle me donna un peu plus qu'un début de larmes...

*

Cela n'arrive qu'une fois dans une vie et la justifie peut-être. Je suis tout étonné de me trouver en train d'écrire autre chose. Il est vrai que ce n'est pas exactement autre chose. C'est le même combat, tous ces gains pour le Christ étant menacés par des chrétiens...

Mais le moment n'est-il pas venu, en moi, de faire le calme, pour mieux réaliser ce qui a pu se passer en ce précédent ouvrage, quelles charges il m'impose, quelles fautes j'y ai commises? Et le lecteur étranger à la pensée pure me sera peut-être reconnaissant de m'y résumer. Beaucoup m'en ont d'ailleurs fait la demande...

Je peux d'abord, sans trop de peine, démonter le piège philosophique que j'ai tendu, si piège il y eut. Je m'adresse principalement aux athées, aux « libres penseurs » qui méritent ce beau nom. Je pars de Kant, qui très souvent est leur maître, que tous honorent, et de sa révolution critique. Je rappelle qu'elle entraîne la ruine de toute preuve possible — passée, présente, future — de l'existence de Dieu. On me l'accorde, évidemment. Mais plus profondément, pourquoi toute théologie rationnelle est-elle ruinée par Kant? Parce que c'est toute métaphysique — passée, présente, future — qui se trouve par lui détruite à sa racine. On me l'accorde aussi. Mais cela même entraîne la ruine de toute preuve possible, par le raisonnement, de l'inexistence de Dieu — tandis que l'expérience, présence ou absence du sentiment religieux, ne peut rien prouver pour ni contre... Et on est bien forcé de me l'accorder encore...

Ensuite — c'est à peine plus difficile — je souligne que l'espace et le temps, selon lesquels se présente à nous le monde sensible, ou la matière, ne sont pas des *choses* comme les autres, des choses qui contiendraient toutes les autres, mais bien plutôt, comme dit Kant, « *deux néants* », deux formes ou puissances de dissolution ou dispersion, sans doute propres à notre condition humaine. Le monde qui nous apparaît selon eux ne peut être, par conséquent, que ce que nous faisons, nous, êtres *a priori* sensibles, de l'Être...

Il y a donc de l'Être, et qui n'est pas le monde. Quant au monde, tel qu'il nous apparaît, il n'est évidemment pas la poussière infinie et insaisissable, le « *divers pur* » de l'espace et du temps, mais sa réunion ou « *synthèse* » en objets ou phénomènes, selon des formes stables ou des lois nécessaires, qui ne sont évidemment autres que celles de notre esprit, ou de la connaissance. Cela sous peine que rien de sensible ne soit perçu. D'où il résulte : 1. que notre esprit peut connaître le monde sensible, et que la science est fondée ; 2. que réciproquement notre esprit, fait pour constituer comme tel et connaître le sensible, ne peut connaître que lui : ses lois ne sont lois qu'en ce monde, qu'elles font et qui les valide.

La physique est fondée. La métaphysique ne l'est pas. Quant au matérialisme, selon lequel existe seule la matière, en soi, c'est lui aussi une métaphysique, aussi dogmatique et intempérante que la plus poussiéreuse et arrogante théologie. Le matérialisme ne se contente pas d'affirmer ce qu'il ne connaît pas, mais ce que la raison humaine ne peut absolument pas connaître, et en cela même il ruine sa propre rationalité scientifique. Ainsi se fait, avec la Critique de la Raison pure, un grand nettoyage par le vide.

Il y a donc de l'Être, et nous ne pouvons pas le connaître par la connaissance rationnelle ou scientifique — les deux revenant désormais au même. Mais s'il existe en nous, hors de la connaissance, un pouvoir de saisir, d'appréhender, ou mieux de recevoir l'Être, par une sorte de choc et de révélation indicible, directe — et c'est cela, à l'origine, la Foi — qu'en dire? Que peut en dire la critique? Rien. La Foi est parfaitement indémontrable et injustifiable, mais de même elle est parfaitement irrécusable et irréfutable. Aucun savoir n'a accès à son domaine, aucun genre de preuve n'a de prise sur elle pour la confirmer ou démentir. D'où l'immortelle phrase de Kant : « *J'ai limité le Savoir pour faire place à la Foi.* » Ainsi est fondée à l'origine la validité de la Foi. A deux restrictions près : d'abord à condition qu'elle soit là, vécue, éprouvée comme une *expérience*.

Ensuite, au détriment et au prix de toute métaphysique chrétienne, qu'il nous faut bien sacrifier aussi. On s'en consolera aisément.

Mais si le matérialisme est une métaphysique, bref un savoir nul, infondé et non avenu, c'est toute la culture athée des deux derniers siècles qui s'effondre, et notamment le marxisme. J'entre ici dans quelques détails rapides pour souligner, en plus, le simplisme et la barbarie effroyable de cette métaphysique de Marx, notamment dans ses amputations grossières et follement arbitraires du grand système hégélien, travail qui, selon le mot de Platon, se veut d'un chirurgien et n'est que d'un boucher. Ce qui n'empêche pas de reconnaître au marxisme, après ces amputations, une grandiose unité systématique dont l'origine et la destination, bref la cause finale, n'est pas seulement l'athéisme, mais « *la suppression de Dieu* »!... Oui, de Dieu même et non seulement de son idée, le communisme n'étant que le principal moyen historique au service de ce projet suprême et clairement avoué, de sorte que les chrétiens-marxistes, dans leur effarante bouillie intellectuelle, font autant, sinon plus, injure à Marx qu'à Jésus...

Je montre au passage que le Goulag était inscrit dans le marxisme dès le départ, de par son dogme éminemment métaphysique de l'innocence et du bonheur naturel de l'homme « *homme générique naturellement social* », en accord avec la terre, aliéné par la propriété, rendu à son essence par l'abolition ou l'appropriation collective d'icelle. Car alors, dans le socialisme avenu, les moindres défauts, peccadilles ou divergences de ligne sont des monstruosités métaphysiques incompréhensibles qui exigent une Sainte Inquisition Universelle.

Enfin je m'avise ingénument que les « *Trois Maîtres du Soupçon* », Marx, Freud et Nietzsche — il fallait bien tout le masochisme chrétien pour leur décerner ce titre, ce certificat d'impartialité transcendante! — que les Trois Maîtres du Soupçon, dis-je, n'étaient pas du tout eux-mêmes, au-dessus de tout soupçon, infiniment loin de là, puisque leurs travaux reposent sur des postulats de pure métaphysique, parfois cachés, mais facilement décelables, parfois plus qu'à demi déclarés.

Bref, en toute modestie, en toute modestie critique et ironique, le « *sommeil dogmatique* », c'est eux; les « *libres penseurs* », si nous le voulons, chrétiens, c'est nous. Mais je n'entreprends pas la réfutation une à une de toutes les philosophies issues de l'avènement athée de l'homme, au début du dernier siècle. D'abord parce qu'on les a vues, peu à peu, s'épuiser et s'exténuer d'elles-mêmes, finissant par se fondre en un vaste bourbier syncrétique où prédomine le marxisme — « *horizon indépassable de notre culture* », dit Sartre, dans l'acte d'abdication de son existentialisme — mais aussi et surtout parce qu'un nouveau Kant vient de surgir dans la pensée occidentale : Michel Foucault, qui, en cent pages décisives et, à mon avis, immortelles, des *Mots et les Choses,* se charge de les scier toutes à la racine, ou même, mieux encore, de montrer que cette racine était, dès l'origine, pourrie...

Donc, du côté athée, dans la pensée humaniste, plus rien, notamment plus d'Homme. Mort de cet Homme qui avait revendiqué l'existence absolue, la seule existence; plus de sujet humain, plus même de « *je* » ni de « *moi* ». Même le *cogito* de Descartes était une faribole *. Il est donc exact — cela, nous pouvons l'accorder à Nietzsche — que la mort de Dieu a entraîné la mort de l'Homme... Et quant à la science humaine dite structurale, qui dissout l'homme, « *débusque* » le sujet humain pensant et libre, est-elle véritable? Du moins sa vérité

* Et le sujet kantien? dira-t-on. Et ses lois?... Il faut les ramener à celles du langage, mais pris de l'intérieur et dans sa constitution d'origine : terre inconnue, que j'étudie...

relative est de prendre acte de cette dissolution humaine qui s'est opérée au terme de la dernière attitude culturelle de l'Occident, celle du refus de Dieu et de la prétendue assomption ou autocréation de l'homme, achevée, comme on le voit, en suicide...

Donc, aujourd'hui, Dieu ou rien. Au choix. La Foi, la Foi seule, garantit à l'homme ce que science et philosophie contemporaines ne peuvent plus lui assurer ou lui refusent : son existence. Il faut se résigner au néant et à son propre néant de subjectivité, ou croire. Dur dilemme, où chacun est terriblement libre.

Mais les considérations tristement véridiques qui précèdent sur notre état, sur l'état humain d'aujourd'hui et son choix aussi décisif que nécessaire, impliquent et confirment à la fois une théorie nouvelle sur la culture, tout à l'opposé du matérialisme historique. Notre culture n'est l'effet de rien au monde, puisqu'elle fait notre monde. Elle serait plutôt une sorte de choix collectif, aussi obscur et implicite qu'on voudra, par rapport à l'absolu : option fondamentale — au sens le plus fort du terme — qui détermine *a priori* nos pensées, nos philosophies, nos conduites, nos mœurs, nos gestes, notre politique enfin, et notre économie même. Ainsi notre temps s'éclaire : nous sommes à la fin de notre refus de Dieu et de notre avènement absolu humain, qui s'est épuisé. Pourquoi? Parce qu'en cet acte nous nous sommes coupés de notre sève. Parce que Dieu existe comme intime de notre intime et que nous pouvions tout au plus le *refouler*... Mais nous n'en pouvons plus de nous être ainsi forcés en croyant nous libérer, disloqués en croyant nous ressaisir, dénaturés en nous limitant à notre nature terrestre. De sorte que nous assistons maintenant au retour du Grand Refoulé, Dieu, jusque dans ces angoisses et désespoirs dont Il est à la fois la cause et le remède : cause, que nous le sachions ou non, et remède, dur remède, pour peu que nous consentions à le reconnaître...

C'est dire que la partie n'est pas encore jouée. Dieu revient, mais souvent indéchiffré par ses porteurs mêmes — encore une fois comme il est normal en névrose. Il revient peu à peu par les fentes et déchirures qu'il provoque dans les résistances moindres de cette carapace culturelle, par quoi nous avions cru nous prémunir et nous délivrer de Lui. Et c'est Lui qu'il s'agit à présent de délivrer, de mettre à jour en nous, pour qu'une fois encore Il nous recrée nous-mêmes, hommes, par Lui et en Lui. C'est cela qui a commencé collectivement, selon moi, en

Mai 68, première fissure, premier séisme de notre culture. Et cela reviendra encore, beaucoup plus vaste, et cela se poursuit chez beaucoup d'entre nous par la maladie et l'inquiétude, l'obscur combat spirituel, ses troubles et parfois ses convulsions salutaires — à ne pas obturer surtout par de fausses sécurités, de trompeuses et désastreuses consolidations temporelles...

Hier, je ne voyais rien qui pût obturer Dieu.

Je ne savais pas que ce serait l'Église elle-même...

***

Patience!... Il faut m'accuser encore. Ce livre restait un livre, et qui avait du succès. Il fallait bien m'en croire l'auteur pour ne pas l'attribuer à l'Esprit. Et cela se passait, dans l'ensemble, à Paris, avec quelques chatouillis de vie parisienne, parfois bien plus encore. Le plus grand philosophe de l'époque entrait chez moi s'écriant : « *Enfin! Ça y est! On l'attendait depuis quinze ans! Tout est dénoué, débloqué! On peut recommencer à penser!* » — et très accessoirement : « *Fin de tous les garaudysmes!* » Comment ne pas me prendre, au moins quelques minutes, pour un penseur moi-même ? Et juste en même temps M. André Glucksmann, dans une démarche inverse qui remontait du Goulag à Marx et à tous les rationalismes métaphysiques de l'Occident, faisait plus qu'élargir la brèche : un front semblait rompu. On voit que mes joies du cœur me montaient un peu à la tête...

La chute fut rude, et brusque... Un soir je sentis passer le vent du désastre et vacillai. C'était une émission d'*Apostrophes* où je devais être opposé, avec Georges Suffert, à deux chrétiens-marxistes. Certains me donnaient gagnant. En fait je ne pensais pas combattre, pour peu qu'un certain honneur de Dieu, au moins son existence divine, fût à peu près respecté. Les prier, les convaincre... Aimant les chrétiens, aimant les athées, ne m'opposer aux chrétiens-marxistes, donc aux chrétiens-athées, que par douce et persuasive logique...

Quand le débat s'ouvrit et qu'on me demanda de redire le témoignage personnel de mon livre, je m'en abstins pour éviter le pathétique. Je me tournai vers eux deux et leur dis avec précision ce qui m'était arrivé, non avec Dieu, mais avec tous ces êtres gagnés à Lui en ces quelques pages, chose dont je m'étonnais le premier : cela pouvait signifier, leur dis-je, que le Seigneur — *Notre* Seigneur, jusqu'à preuve du contraire ou nouvel ordre — tendait à revenir Lui-même au fond des cœurs, en personne, en présence, sans l'ombre d'une idée ni d'une connaissance, et je leur demandai de Le laisser ainsi faire. Oui, je leur suggérai humblement de ne pas Le revêtir d'habits idéologiques ou culturels sous lesquels Il pourrait se dénaturer ou se perdre, puisque c'était au contraire en malmenant les Systèmes que j'avais pu contribuer négativement à des conversions.

J'avoue que j'espérais leur donner, par cette prière, quelque émoi, ou songerie. Je sus plus tard que j'avais ému des athées. Mais j'aurais dû sentir que cela ne faisait pas leur affaire, ou même dérangeait leurs affaires en cours. Ils n'en eurent ni chaud ni froid. Aucune ombre d'intérêt. Sur leur visage, un sourire implacable d'aménité, vaguement condescendante : j'en étais encore là ! A Dieu dans les cœurs, à Dieu bourgeois !... Je me troublai... Comment avais-je pu rater ainsi mon début ? Quelle était cette naïveté, à mon âge ?...

Et bientôt ils parlèrent et je me vis perdu... Deux mouvements, deux démarches complémentaires : d'abord Dieu, ou plutôt sa « *représentation* », devait être « *purifié* » de ses « *images socio-culturelles périmées* », autrement dit des trois mille ans de Révélation — pas moins — de tous les dogmes et du Credo des Apôtres. D'autre part, que signifiait « *Incarnation* » sinon « *engagement en ce monde* », et donc en sa culture et ses luttes sociales ? *Sic*... Ainsi Dieu, réduit au pur vide par la perte de tout ce qu'il nous avait appris de Lui, complétait son néant en s'investissant comme « *image* » dans la culture qui le détruit ! Au mieux, un beau fantasme à réduire...

Mais surtout je réalisai tout à coup que cet horrible et grotesque micmac de sophismes était *irréfutable :* je veux dire impossible à dissiper à l'écran ! Car il m'aurait fallu, à moins de fumisterie moi-même, près d'une demi-heure de graves arguments, et je ne disposai pas même de dix minutes, tandis qu'il leur suffisait de trente secondes pour plaire ! Qui n'est aujourd'hui contre les « *dogmes* » ? Qui ne veut être de son temps — dût-il y rester ? De plus ils expliquaient « *scientifiquement* » l'Évangile par la lutte des classes en Palestine : qui n'est pour la justice sociale et la « *Science* » ? Comme c'était touchant, ces chrétiens qui voulaient « *comprendre* » ! Qui s'y mettaient enfin !... Allais-je crier : « *Et l'Amour, merde ! Et Dieu, merde !* » ?... Mais on n'imite pas un cri de grand poète, et les gros mots font trop peur au monde... Rappeler que c'était une Histoire d'Amour qui nous dépasse en nous délivrant?... Mais le premier faquin venu qui rendra compte des rapports et transports d'Yseult et de Tristan par l'harmonie préétablie des hormones, comment chacun ne le trouverait-il pas « *passionnant* »? C'est donc pour ça, dit Jules, que je ne suis pas Tristan! Sinon, j'avais tout pour l'être! Enfin rien ne me dépasse!... De plus, comment leur dire qu'ils truquaient l'Évangile sans rendre Christ socialement moins « *sympathique* »?... Et leur « *Incarnation* » se vouait exclusivement à combattre Franco et Pinochet : qui était pour ces monstres?... Enfin le seul Salut était pour eux la praxis de gauche et j'étais de gauche!

Quel piège! Tout à coup je fus pris de panique. Je récapitulais toutes les issues : fermées. Entrer dans leur jeu, avilir Dieu, le brandir en banderole? Non!... Tout casser? Hurler... O le gros méchant, l'intolérant, dirait-on!... Critiquer leur prétendue « *Science* »? Pas le temps!... Dénoncer leur immonde marmelade mentale? Les arrangeurs sont si arrangeants! Qui n'aime un sel de la terre qui se fait sucre?... Le temps passait, il allait falloir que je parle. Ils avaient l'air tranquille et ils étaient contents. Il y avait de quoi : un chrétien est un homme détenu par la Vérité qui cherche hors de toute Science la difficile Justice, tandis qu'ils cherchaient scientifiquement la Vérité et détenaient la Justice! Imposteurs imparables!... Parbleu, comme ils avaient choisi le monde, ils avaient le monde avec eux... Trop tard! Je voyais trop tard qu'on ne peut refuser son temps qu'en trois cents pages, sauf poésie ou prophétie, et j'étais tout à coup inhabité de tout, à m'évanouir... Je priai, j'avoue que je priai... Pas la plus petite lumière, si bien que je me trouvai bientôt ridicule de prier : en quoi ils avaient déjà gagné...

Je rêvais de ne plus parler en ma vie qu'à des athées, des purs, des vrais, quand on me passa la parole... Qu'en faire? J'eus un silence, un « *blanc* », dont je ne sais s'il dura longtemps, quand soudain j'entrevis l'issue inespérée, ou désespérée. J'avisai dans la frange de mon regard mon voisin de droite, un Italien pittoresque, moine marié, défroqué, devenu grand capitaliste et politicien centriste — toutes les tares! — mais qui avait donné de sa foi, au début de l'émission, une définition si poignante d'humilité, hantée de doute et d'angoisse, rongée par l'impression, lui, de son imposture, que je ne doutai pas que Jésus ne l'aimât. Je me tournai vers lui et lui dis : « *Parlez-leur de Dieu.*

Moi je ne puis. » Je le lui dis deux fois, car il avait cru d'abord, le pauvre, que je me foutais de lui...

Ainsi, faute de mieux, je mis en présence la justice fanfaronne et l'iniquité souffrante. Ainsi je confiai les pharisiens au publicain, pour qu'il les édifiât... Il ne les édifia pas... Défroqué? Bravo!... P.-D.G.? Haro!... Soudain Suffert, généreux et tempétueux renfort, s'écria qu'il y avait tout de même des Mystères, la Vie, l'Amour, la Mort! Il cria presque : « *Et Dieu merde!* » Ils dénoncèrent cette diversion droitière, revinrent à Franco — qui était encore vivant — et l'exclurent de l'espèce humaine, lui et sa classe!... Alors je rappelai que Jésus avait pris pour apôtre, que dis-je, pour apôtre des nations, un bourreau, pour Pape un renégat, que le pire des hommes était à Son image et que jusqu'à la fin Il pouvait encore sauver Franco! Cela me coûta et je le dis de toutes mes forces.

Ce fut un beau brouhaha, qui redoubla quand je prononçai le mot « *Goulag* ». Là on couvrit ma voix! Ce n'était pas la question! Je faisais à Marchais un procès d'intention! Alors, à bout de tout, je leur criai trois fois « *Non!* » pour qu'au moins on entendît le refus. C'était depuis le début le seul mot à dire...

*

Après, je coupai court aux compliments d'usage et me retrouvai seul dans la rue, dans la nuit. Avais-je gagné? C'était perdu. J'avais peut-être su endiguer quelques vaguelettes, mais je ne pouvais rien contre le raz de marée imminent de la démagogie et de la démission spirituelle. Ah, que nous allions être aimés et intéressants, chrétiens! Et sans abjurer, au contraire : on exigeait notre étiquette! On n'en voulait qu'à nos « *tabous* » et nos « *complexes* »! Nous allions faire dans l'humain à part entière! Nous allions être tous homunculiquement achevés!

Je marchais... Je me surpris à serrer les poings... Oh, non de colère — je n'ai jamais levé le poing de ma vie, pour ne pas plier ma main à la haine — mais d'impuissance et de rage contre moi-même... J'eus froid plus que nature en traversant la Seine... Enfin quoi, moi aussi je faisais mes manifs, mes grèves, com' tout l' monde! Et j'avais même un candidat psu attitré dans mon quartier! Je votais donc bien, ma parole! Y mettre Dieu? Passe encore. Y réduire Dieu, quelle honte! Et ça leur suffisait pour mettre Dieu à plat et bientôt le remplacer!

L'Incarnation, c'était leur massage des masses! L'Incarnation, c'étaient leurs petites bonnes actions! L'Incarnation, c'était leur absence de carnation!

Oui, oui, injuste, mais tout valait mieux que leur justice! Oui, plutôt quitter Dieu pour le Mal, me dis-je, c'est plus cher à Dieu! C'est leur bien qui est affreux! Car leur bien, c'est facile! Oui, la facilité tue l'exigence. Hélène! Que dirais-tu si tu connaissais la Foi judéo-chrétienne, et comme elle est impossible, et qu'on ne sait jamais quand on agit par foi, et qu'agir au nom de la foi a vite fait de la foi un nom! A plus forte raison quand rien dans ses pratiques ne la distingue plus des Systèmes qui l'éliminent! C'était joué, c'était couru! Un beau matin la « *représentation divine* », purifiée sous vide et humainement inutile, a disparu : souvenir qui ne vaut pas même l'oubli. Dieu tombe comme les écailles des yeux : rêve de Marx, sauf que les marxistes y achoppent et que les chrétiens s'en chargent! Un comble!... Le scandale des scandales était là...

Il fallait revenir sur mes pas! Les revoir! Il fallait tout leur dire! Ils pouvaient m'entendre! Ils n'étaient pas des canailles, pas encore! Il fallait le leur dire, à ces grouillots de gauche, qu'ils devaient d'autant plus veiller, prier, adorer qu'ils militaient et vadrouillaient dans le monde, sous peine de se perdre dans les nouveaux Gog et Magog, Goulag et Magouille! Mais comprenaient-ils encore : se perdre? Soupçonnaient-ils quelle rigueur fait la vigueur? Tentaient-ils d'exister, avant de se donner? Mais non, l'Individu Absolu, pour eux c'était l'individualisme! Toujours Hélène!... Avec quel zèle ils rattrapaient un siècle de haine!... Le Salut? un bidule à faire marmonner les chaisières ou suicider deux ou trois peintres attardés! Comment leur expliquer que les O.S. ont une âme, où parfois je puise?... Ah, comme ils étaient tous spirituels et mystiques, mes irréprochables amis athées, au regard des curés culturels en goguette, de ces curés tellement pressés de se fondre que je pouvais les reconnaître à deux cents mètres, tant ils ont perdu ce mystère qui est en tout homme!...

Ce mystère, ou encore cette simple réserve, seuil et marge de liberté, qui fait le prix du don en amour, par quoi nous sommes toujours un peu vierges... Cette réserve qui prend même une sorte de majesté dans la classe ouvrière traditionnelle, dont la longue souffrance a pensivement dominé la haine. C'est le petit-bourgeois intellectuel ambitieux qui hait, depuis toujours, et depuis peu le prêtre!... Mais pourquoi ? Mais pour quoi ?... Car enfin, me disais-je — tout cela se passait en moi dans la nuit, sur la place de l'Alma déserte, naviguant au hasard des feux verts et rouges — si encore il fallait se faire tuer pour les pauvres ou permettre les crimes des riches par sa paresse ! Si tel était le choix ! Mais les crimes des chefs des pauvres une fois vainqueurs étaient pires, sur les deux tiers de la Terre !... Et qui se faisait tuer, surtout ? Qui, entre Nation et Bastille ? Qui avait senti siffler une balle ? Le seul tué par balle, à Billancourt, Overney, était vomi comme provocateur par le P.C. ! Fallait être sérieux, chers chrétiens engagés, avant de scinder l'Église par votre anathème des tièdes sans pouvoir garantir le lieu de vos chaleurs ! Fallait vous faire égorger, chers témoins, comme des gauchistes vulgaires !...

Mais non, ils jouaient tous !... Ils jouaient à se plaire, à travers un prolétariat imaginaire ! Ils jouaient à la Gauche qui jouait à jouer à son entre-deux-guerres, comme des chats avec des pelotes de laine : à quand de barbelés ? Ils jouaient à frôler la couronne d'épines de la Planète, dans une contagion de contentement irrésistible !... Lutte perdue avec les démons du Facile ! Ils tuaient l'exigence et j'étais à bout de forces ! Deux meetings, trois manifs et un bulletin de vote, c'étaient exactement les nouvelles Indulgences! Et les mêmes dominicains sur les estrades, payés cette fois en égards, non, en familiarités : Krasu m'a dit « *tu* », grand-mère!... Affreux!...

Mais qu'est-ce que j'avais contre eux? Au nom de quoi refusais-je de souscrire à leur totalitaire et partiale justice, si c'était un peu de justice?... Discernement spirituel, flair politique? De quel droit me les arroger?... Parce que j'avais vu plus vaste en Mai?... Et s'il fallait être modeste? Comment savoir si ma résistance était force d'âme ou orgueil?... Mais je savais, au moins par l'Histoire, qu'on dit toujours « *orgueil* » de toute résistance!... Alors quoi, j'étais habité par la Présence? Dieu même? Moi, Jérémie? J'en avais à coup sûr le verbe impopulaire, et même le cœur las et les reins sciés de détresse... Oui, mais en fait de transes et de vérités vengeresses, j'avais piteusement paniqué à l'écran : un trou, un noir, un blanc...

Et si tu n'avais rien à dire, prophète-pitre?... Quoi, quoi? Dis-moi!... Jeter du pied leur bouillie pour les chats? Bah, bah, il y a tant d'autres idioties sur la terre, et les chats sont si délicats, par parenthèse!... Suspecter leur foi? Non! Ça non, je ne la suspecterais pas!... Elle vidait les temples et discréditait la prière? Elle annulait toute la Révélation chrétienne, tout le travail de Dieu inlassable pour être nommément aimé des hommes ingrats?... Mais s'ils étaient une nouvelle Épiphanie que je ne percevais pas, malgré leur nullité désolante en poètes?... Et puis quoi, c'était à l'Église de se défendre! Elle qui m'avait fait, allais-je le lui rendre? Impie, contradictoire! A d'autres, plus dignes! A d'autres!...

Ils écoulaient Dieu dans ce qui l'évacuait? Dans une chasse, sans le moindre accent circonflexe? Ils feignaient de lui rendre essor en l'essorant? Ils avaient remplacé le vieux Divertissement, qui évitait l'Être, par une centrifugeuse qui le distillait en Néant, réduit l'Abîme au Vide, le rayon de soleil aux poussières qui dansent et se croient libres?... Oui, oui, mais qui étais-je pour venger l'Infini et le Transcendant?... Ils conduisaient la Chrétienté à son plus grand Schisme, non des Papes, mais du Peuple? Mais si c'était un fait et qu'il fallût choisir entre les deux camps? Irais-je moisir ou macérer dans les sacristies intégristes, avaliser par ma piété les pharisiens du passé, les meurtres en fanfare du goupillon et du sabre, la meule qui se prend pour le bon grain qu'elle écrase?... Non, bien-pensants pour bien-pensants, plutôt les lois sociales! C'était pas possible, la Droite!

Plutôt les vaniteux, les dissipés, les sympas! Plutôt les guitares! Et ne m'en prendre jamais plus qu'à leur inconscience! Nous aurions bien le temps d'en discuter, dans les camps...

J'avais dû faire deux ou trois cercles autour de la place de l'Alma. Je frissonnais toujours de froid, par un air tiède, et titubais parfois. Mais lorsque je voulus prendre un taxi au bas de l'avenue George V — pour me sentir moins seul et parce que des amis m'attendaient, je m'en ressouvins — je trouvai la station déserte, la rue barrée, deux ou trois policiers faisant leur tour de veille, tranquilles... Je compris : les abords de l'ambassade d'Espagne... Franco! Franco! Je n'en sortais pas! Toujours lui! Toujours sa gueule torve et leurs têtes chafouines! Pourquoi, quand ils disaient Franco, avaient-ils tout dit? Pourquoi avaient-ils fui et couvert par le bruit le seul nom du Goulag, qu'il leur était si simple d'attribuer à Staline? Un mot, un petit mot à ces cinquante millions de morts et de déportés, qu'est-ce que ça leur coûtait? Qu'est-ce qui les tenait hors de la pitié même? Qu'est-ce qui les tenait, tout court? Qui les tenait?... Oui, j'avais bien compris que la coupure épistémologique de la plus-value marxiste était aussi le crible et le tamis et le van de leur Jugement Dernier sur l'Humanité en vie — ou en agonie — mais était-il humain d'accomplir ce prodige d'unir en soi l'Inquisiteur et l'Hérétique?

Je ne dormis pas et les soupçonnai de dormir. J'étais seul... N'ayant plus de maison à Paris, je descendais chez ma sœur, mais la lumière de sa chambre était éteinte... Pour chasser l'insomnie, pour me changer les idées, je pris n'importe quel livre... Je tombai sur un grand classique de gauche, roman terrible sur la guerre de quatorze, et l'ouvris au hasard... Un assaut, une attaque d'infanterie. Le barrage, les explosions qui aveuglent, les éclats qui sifflent et déchiquettent, les souffles qui soulèvent et projettent les corps. Les survivants avancent. Les mitrailleuses claquent. Des files tombent. Le commandant, le capitaine, tous les lieutenants sont morts et les sous-officiers de même : plus personne avec une ficelle sur les manches. A cinquante mètres du but, d'un coup, toute la ligne d'attaque flanche. S'ils reculent, ils sont achevés...

« *En avant, s'écrie alors un soldat quelconque...* »

*

Je relus. C'était bien cela :

« *En avant, s'écrie alors un soldat quelconque...* »

Ainsi, cette nuit-là, étrange paradoxe, la lecture distraite et désespérée du *Feu*, de Barbusse, me confirma mon grade définitif et mon devoir temporaire dans la Chrétienté moderne... Je me relevai tout de suite pour écrire... Mais depuis des semaines que je m'évertue à ce livre, je suis plutôt pareil — toutes proportions gardées — à cette pauvre ligne d'attaque fantassine : mal en point si j'avance ; bien plus, quand je lâche pied...

Mais surtout retenez que c'est le cri d'un deuxième classe...

⁂

Ne faites pas les flambards, vous avez capitulé ! Vous êtes des collabos !

Oh, je sais, je sais, personne ne capitule plus aujourd'hui avec la naïve rusticité d'un Bazaine ! Et même, voyez-vous, on ne capitule plus du tout ! C'est fini ! On ne se rend plus à l'ennemi ! On se rend... aux raisons d'arrêter les « *massacres* », toujours « *stériles* » ! On se rend... à l'évidence ! On se rend... à la fraternelle exigence humaine, voire virile ! On se rend... à la noble prière de l'adversaire d'être reconnu pour partenaire! On se rend... à l'invitation de sa conscience! On se rend... à l'appel de ses responsabilités véritables! On se rend pour ne pas prolonger un « *pari* », puisqu'aussi bien on a remporté un « *défi* »! C'est même pour gagner la guerre qu'on se rend, car, comme l'apprend l'Histoire, on perd toujours la victoire! On se rend parce qu'on a réussi à tenir, mais qu'il fallait bien davantage « *maintenir* »!... Quoi? En général une « *présence* »! Le reste est vanité monstrueuse et enfantillage, souci de se faire voir! Bref on se rend — vous l'avez déjà deviné — à son devoir! Car enfin, pour se rendre que faut-il? Du courage!

Et voilà... Par exemple j'ai entendu de Gaulle traité de lâche, en 1940...

Alors vous comprendrez que je vous dispense, mes Pères, et de vous raconter et de me raconter des histoires! Je vous avouerai même, au mépris de ma gloire, pourquoi on ne me la fait pas, à moi! J'ai été munichois! J'ai été vichyssois! Munichois quinze jours: plein temps! Vichyssois tout un été! Avec même quelques rechutes l'année suivante! Alors vos boniments, c'est comme si j'y étais! Je sais par cœur les mécanismes les plus secrets de la casuistique qui ennoblit l'abandon. Je connais les replis profonds des glorieuses coliques. Je fus un lâche, vous dis-je! Et souvent je le suis encore. Je sais sur le bout des doigts comment on va des raisons aux motifs de vivre...

Pendant Munich j'avais jour et nuit sous mes paupières une image constante, une vision grotesque de narcissisme. Je menais un combat épique d'infanterie, j'avançais, j'entraînais ma troupe à l'attaque. D'un bond je me trouvais tout seul en avant : ce n'était pas le pont d'Arcole, mais tout juste! Je tirais au fusil mitrailleur en marchant — neuf kilos deux cent cinquante, s'il vous plaît! — parmi les balles traçantes. Soudain une marmite, une flamme bleu-orange, un souffle. Je continue, je tire, mais tout à coup je ne vois plus où je tire : le souffle a emporté mes lunettes et je suis myope comme une taupe. Je me retourne, les cherche, en vain, je suis aveugle, je ne sais plus de quel côté se trouve l'ami ni l'ennemi... Alors je virevolte, hagard, hurlant d'horreur de tous mes viscères, jusqu'à ce que s'approchent enfin, dans la fumée, des silhouettes indistinctes, qui m'achèvent...

L'étrange, c'est que cela m'arriva presque, plus tard, au maquis... Mais au temps de Munich j'étendais l'horreur indicible de mon image à tous les combattants aveugles dans la nuit, à tous les hommes mes frères, et je concluais de tout mon être — moi héros, si ma vue ne me l'eût interdit! — qu'il fallait refuser la guerre et faire la paix à tout prix!... D'autant qu'il n'y allait que des Tchèques!... J'ai toujours eu la tartufferie intime lyrique... Il me fallut deux ans d'efforts moraux inouïs pour m'aviser enfin que je pouvais acheter plusieurs paires de lunettes! Quand on veut se battre on trouve toujours comment. Si non, non...

Mon été vichyssois fut plus simple. J'étais convalescent d'une maladie grave et me faisais raconter Verdun par mon père, et ensuite et surtout cette séance étonnante à la mairie de Souilly, en février 18, où Pétain avait annoncé une formidable attaque allemande, qui franchirait la Somme, qui franchirait la Marne, qui franchirait la Seine, « *et peut-être la Loire* », et qu'on les aurait quand même! Il n'était donc pas défaitiste! Alors j'étais bien tranquille quant à la nécessité absolue de l'armistice et aux divagations gaullistes! J'étais dans une zone libre où il préparait la revanche! Pour quand? Probablement pour un jour lointain, par exemple quand je ne serais plus mobilisable : j'avais beau être réformé, on ne sait jamais... Je remercie un événement de janvier 41 qui me fit surprendre canaille et me secoua...

Et de même j'ignore et j'ignorerai toujours quelle grâce m'a préservé de la Collaboration, moi poltron élevé dans un milieu de droite. Mais croyez-vous, mes chers Pères, qu'un seul collaborateur se soit jamais dit : « *Je trahis* »? Que non, que non! Par eux la France, notre patrie, serait « *présente* » à la grande Europe, tels vous au Monde! Par eux elle retrouverait son rang sans coup férir, moyennant quelques gentillesses surtout verbales, et resterait intacte au flanc d'une Allemagne épuisée par sa victoire, et elle dominerait! Ce serait ça, la revanche! Sans oublier « *Graecia capta...* » Ils étaient sincères! Comme vous l'êtes!... Au reste, j'ai promis de ne plus m'attaquer qu'à votre semi-conscience... Je sais la bonne foi de la mauvaise foi, même en Foi...

Et tenez, lorsque quelques-uns de ces collabos francophiles, devenus communistes après la Libération, me reprochaient ma « *tiédeur révolutionnaire* », étaient-ils hypocrites, cyniques? Pas plus que vous! Ils s'étaient spontanément ralliés au « *nouvel espoir du monde* »!... Pourquoi n'y ai-je pas songé quand l'un de vous, l'autre soir, dans une assemblée œcuménique, m'invectiva, s'il vous plaît, parce que je « *démobilisais les gens du combat quotidien de gauche* » et sabotais ainsi leur « *projet d'espérance* »? Pourquoi me relevaije d'un bond à la tribune et criai à tous vents : « *Ma B.A. de gauche, mon cul!* »? Je les aurais mieux compris si je m'étais souvenu. J'aurais contenu ce cri du cœur... Mais je conclus, pour finir avec cette époque ancienne, que la Résistance française, chez tous ceux que ne visait pas explicitement l'ennemi, s'est décidée dans le secret de la solitude spirituelle — aussi vrai qu'une lassitude spirituelle vous a rendu trop pesante la solitude et jusque dans vos gestes a détruit le secret... C'est triste...

*

« *Malheur à vous, scribes et pharisiens hypocrites!* » On s'étonne de la violence des imprécations christiques — violence que récemment vous avez pris soin d'affadir en « *Malheureux êtes-vous...* » : quel instinct de défense! Et, entre nous, quel style!... On s'en étonne à bon droit terrestre. Les grands bourgeois bien-pensants de l'heure étaient les saducéens. Les pharisiens étaient de petites gens, vertueux, désintéressés, irréprochables, soucieux de secourir les pauvres et de libérer leur peuple. Et vous avez toutes ces vertus, mes Pères. Il faut croire que Christ discerna qu'en leur âme la lettre avait étouffé l'esprit, le culte l'Amour, les aumônes la vue de leur propre misère et le contentement les appels au secours... Vous m'arrêtez : quel rapport, puisque nous avons liquidé la lettre et le culte?... C'est vrai, vous abandonnez aux intégristes le confiné du pharisaïsme. Vous, c'est plus vaste. Vous, c'est dans un monde ennemi et des idéologies adverses, chez l'occupant, l'assiégeant, l'investissant, que vous allez chercher les bonnes œuvres et les récompenses internes. Quel saut ! Quelle enjambée ! Vous retrouvez d'instinct le contentement en gagnant sur les deux tableaux, en servant deux Maîtres ! Et lorsque ce double jeu élastiquement entrevu vous gêne, il ne vous reste plus qu'à tout réunifier par la justification chrétienne des idéologies anti-chrétiennes ! Là, je dirai vulgairement : *faut l' faire !* Mais c'est bien fait. En termes juifs vous ne trahissez pas Yahvé pour l'idolâtrie : vous yahvisez les idoles ! Dieu n'est plus délaissé : Il s'abolit et fusionne ! Nous ne le quittons pas, voyons, c'est Lui qui se quitte ! Ce tour de force n'exige pas moins que la Dialectique — tic, tic, tic, tic, chère Hélène ! — dont les plus grands marxistes viennent d'amputer Marx pour le maintenir moribond, mais qu'importe ! On la ressuscite pour l'occasion, et c'est la pitoyable théologie de la Mort de Dieu en Christ et de Christ en l'Homme, appuyée, comme chacun sait, sur deux textes : 1 « *Qui m'a vu a vu le Père.* » Donc, plus de Père. Moi. Je suffis désormais. 2 « *Ce que vous avez fait à vos frères, vous me l'avez fait à moi.* » Donc plus de moi. Je disparais. Seuls restent vos frères... Quel art! Quelle vigueur syllogistique, mes Maîtres! On n'a rien vu de tel depuis « *Le jambon fait boire, boire désaltère, donc le jambon désaltère* »! Tout est bon pour justifier l'irrépressible abandon, même le jambon... Ne disons pas que le Diable est docteur : il est moins bête...

Mais je serai bon prince. J'accorde que ces idéologies ne sont pas absolument adverses, mais des vérités chrétiennes devenues folles et vides, comme disaient Berdiaeff et Chesterton, des valeurs spirituelles contre l'Esprit, comme dit Bernanos posthume. J'accorde même qu'elles ont apparemment engendré plus de vertus, voire de vertus chrétiennes que les vraies. Je vous l'accorde — encore qu'il y ait chez les pauvres des vertus à quoi les oblige la pauvreté et que le mal soit plus accessible aux riches : truisme si contraire à notre démagogie manichéenne qu'on m'excusera de l'exhumer!... Mais soit, ne jugeons pas les âmes nues, mort aux nantis! Vous avez entrepris de les récupérer, ces vérités folles ou vides, et c'est exactement votre occasion de chute, car elles vous ont vite affolés et vidés! Pourquoi? Parce qu'il fallait d'abord le dur courage, en les respectant, de les combattre, et c'est ce qu'aucun chrétien d'aucun bord n'a fait, vous n'ayant pas combattu, les autres pas respecté! Il vous fallait tenir le coup un certain temps en ayant contre vous toutes les apparences, témoigner seuls de la Source vive originelle afin que la soif insatisfaite des hommes y revînt, tandis que vous vous êtes tout de suite rués aux marécages de l'estuaire où rien ne vous distingue que votre pullulement sautillant d'insectes à la surface, seule démarche désormais semblable aux anges! Et elle vous résiste, cette dure membrane d'eau morte, parasites!... Il fallait...

Non, pardon, je ne dirai plus « *il fallait* », mais écoutez-moi : un soir de 1970 je reçus chez moi un bon nombre de sévriennes chrétiennes, déchirées d'être divisées et de se battre entre gauchistes et autres — car elles s'aimaient encore, voyez-vous ça! Que faire? Je ne sais pourquoi je demandai aussitôt à la principale agitatrice gauchiste une profession de foi. Elle n'hésita pas. « *Je crois que Dieu est transcendant* », dit-elle. « *Allez,* leur dis-je alors dans un geste de joie, très large, *et fichez-moi la paix!* » Je ris, même... Elles partirent réconciliées, à pied, dans la nuit, par petits groupes constamment entremêlés, vers la Cité universitaire. Deux ou trois droitières se gauchistisèrent, ou comprirent... C'était beaucoup de comprendre : le plus important de Mai 68, selon moi, fut que pendant quelques jours tous avaient compris, sans concept : rien n'était, si tout s'en allait... Qui casse, qui renverse, au minimum qui ébranle les bases insoupçonnées d'un monde plus que la Transcendance? Les idéologies et les immanences déplacent, le transcendant subvertit... Et qui ridiculise aujourd'hui la transcendance? Pas les athées. Elle seule à leurs yeux excuse la foi : si c'est fou, au moins que ce soit sublime! Vous seuls la ridiculisez. Pourquoi? Parce qu'elle vous eût d'abord isolés, mes Pères, et qu'il vous les fallait tout de suite, les masses, toutes prêtes, toutes rôties, à tout prix, même au prix de Dieu. C'est fait. Vous les avez. Mais c'est vous qui êtes cuits...

Car elles vous ont, jusqu'au trognon, jusqu'à l'os, jusqu'à la moelle... Oh doucement, doucement!... Personne ne vous demandera d'abjurer, rien aujourd'hui n'est si simple. On ne vous demandera rien parce que vous n'inquiétez pas, au contraire. Vous ne recrutez pas pour Christ dans le Parti, mais pour le Parti par le Christ. Pour un peu le Parti prierait pour que cela dure.

Il prierait pour que vos vestiges de fantasmes — Jésus et les Évangiles — ne se vident que lorsqu'il aura fait le plein. Pas trop tôt, pas trop tôt, la chute des écailles!... Hélas, un de ces jours, un brave et naïf camarade, dans un repos de la lutte par exemple, gentiment vous demande, pour la conversation : « *La Croix, c'est un échec, non?* » Et là qu'allez-vous répondre? Ou bien qu'il le fallait et vous redevenez maso-doloriste et prenez la porte. Ou bien : « *C'est un martyr entre autres, qu'il faut venger.* » Ou encore : « *Spartacus fut crucifié aussi et nous l'honorons.* » Et cette fois, c'est fait : vous avez renié. Jésus-Christ est « *entre autres* », militant un peu folklorique, petit agitateur social avorté parce qu'incomplet, incomplet parce que pas encore scientifique... Et le bon camarade, sentant flotter la divinité évanouie dans votre malaise, redouble de gentillesse et laisse tomber, miette de sa nappe, os de son assiette : « *Un sacré gars, tout de même! — Ça oui!* » dites-vous, bondissant sur l'épithète... Et moi j'ai entendu de mes oreilles des choses comme cela! Misère, misère, misère!

Pourquoi tant de prêtres-ouvriers se sont-ils mariés, marxisés, défroqués, athéisés? Parce qu'ils n'étaient pas de taille? Tout le monde est de taille, ou personne... Il suffit souvent de prier... C'étaient plutôt les meilleurs des prêtres. Mais ils le savaient peut-être. Et ils semblent avoir remplacé la grâce par un projet, du genre historique. Ils se sont sus historiques. Dieu n'a pas de projets, surtout pas ceux qu'on lui prête. Il ne faut pas être de son temps. Il ne faut pas y penser. Le seul projet de Dieu est d'être aimé nommément des hommes et son histoire d'amour avec nous fut notre Histoire et peut l'être encore. Si on l'aimait on ferait peut-être de l'Histoire, sans faire exprès... Mais ils ont mijoté un peu d'Histoire Sainte à leur compte... Et alors ils ont forcément valorisé le travail puisque leurs jours s'y passaient, et voici qu'aujourd'hui un jeune gauchiste écrit un livre superbe : *Gilda Gilda, je t'aime et le travail m'emmerde!* et des ordres mendiants çà et là recommencent à mendier. Les prêtres-ouvriers ne sont plus de leur temps, parce qu'ils ont voulu en être. Il ne leur reste plus d'avenir que celui dont se prétend grosse la C.G.T. Alors ils s'y affilient — au sens étymologique — par détresse. Retour du fils prodigue, mais à un autre Père. L'Église, en fait, en droit, en tous sens, n'a rien à dire... Dieu se tait... Garaudy en reparle de temps en temps... A moins, bien sûr, qu'ils n'aient vu dans le travail une mission sacrificielle, mais dans ce cas leur zèle éperdu et naïf oubliait ce que chacun sait de la condition ouvrière : qu'elle n'est pas choisie, qu'on ne peut guère y échapper, qu'elle vomit les volontaires qui ont des arrières, à plus forte raison des arrière-pensées, si bien qu'il ne reste à ces prêtres qu'à renier arrières et arrière-pensées, donc l'Église et Dieu même, pour s'intégrer : correct, loyal. Normalisation normale.

Si encore il fallait à la perte de Dieu l'usine et ses deux géhennes : la chaîne et les propagandes ! Mais il suffit de la ville. Un ordre monastique, lassé de ses couvents vieux et vastes, a lancé cinq ou six petites « missions » en appartements. Il n'en reste pas une. Un survivant me décrit ainsi le mécanisme : au bout de quelques mois ses camarades lui disent : « *Qu'as-tu encore à prier ? Moi, je prie quand j'accueille ! Je prie quand je milite !* » Un peu plus tard certains lui confient, sur un mode moins allègre : « *Tu sais, je ne prie plus, je ne peux plus prier* », et lui demandent d'oublier cette confidence. Un an plus tard ils sont partis habiter seuls, pour se retrouver, disent-ils. Six mois plus tard ils sont mariés. Un an plus tard, une fois sur deux, athées... On se récriera : « *Leur foi était donc si faible.* » Et moi je répondrai d'abord « *Allez-y voir !* » Et je pourrais jurer qu'elle n'était pas faible. Mais quand on l'a réduite à une série d'actes « signifiants » et que l'on voit des incroyants meilleurs que soi dans les mêmes tâches — comme l'humilité le commande — il ne reste plus qu'à conclure... La foi veut de la grâce ou de la persécution. Il faut aimer ces prêtres honnêtes qui tirent la conclusion. Il faut prier pour eux, il faut prier à leur place. Les renégats ne sont pas ceux qui perdent Dieu, mais qui le vident et l'exploitent, et lancent l'anathème sur ceux qui gardent et respectent sa substance. Je ne maudis que ces effrontés.

Les renégats ont en effet un moyen simple et stupéfiant de se sauver, qui est de condamner les fidèles ! Il fallait y penser ! Il suffit qu'un copain théologien de service, dans une ample et nouvelle brassée dialectique, reprenne tout l'historico-mondial et le reste s'il y en a, non point à leur excuse, non pas à leur justification, mais à leur gloire apocalyptiquement exclusive !... D'un mot le reniement de Dieu, c'est Dieu ! Le renier c'est épouser son grand mouvement de Mort et donc Lui rester pieux ! Jusque-là très connu, déjà vu, presque vieux. Mais — précision nouvelle et rappel du Marx de jeunesse — le Prolétariat, négatif de l'homme annonciateur de l'Homme, c'est Christ. *Or* le Prolétariat, depuis au moins un siècle, a souffert Mort et Passion. *Donc* Christ, réincarné historiquement dans le Prolétariat, et qui demain comme lui, avec lui, par lui, par sa Médiation, doit ressusciter en l'Homme, est aujourd'hui au tombeau, *où s'ensevelit même Son Nom!* Dès lors — attention, attention! — il est aussi impie d'invoquer Dieu aujourd'hui que de chanter *Hosannah* au chemin de Croix ou *Alleluia* en pleine Leçon des Ténèbres! Oui, mes frères! Pour le cas où, saisis, vous n'auriez pas saisi, je répète : en cette autonégation et mise en terre de Dieu historico-mondialement réincarné en prolétaire, seul l'athéisme est chrétien! Les seuls vrais chrétiens sont athées! L'histoire divino-mondaine est en effet au Samedi Saint, peut-être à la Nuit Pascale! Silence! Silence!... Ainsi s'inversent Bossuet et les Croisades en un grandiose panthéisme motorisé! Car ce n'est plus pour l'agrément de Notre-Dame, mais pour la paix du cœur de nos gentils Judas que ces jongleurs jonglent!

Cette insurpassable idiotie — j'en bricolerais dix au quart d'heure! — n'est pas même à discuter, tout au plus à flétrir sur le point de la liberté humaine, mais elle a tout pour plaire à l'abandon de la foi dans l'eschatologie activiste et flemmarde... Ah, mon Christ devenu Jean-Baptiste de Marx, c'était bien champêtre! Fi donc! C'est désormais entre Dieu marxiste et le divin

Marx qu'il y a *homophysis et consubstantialitas!* A peine j'anticipe sur le prochain Concile! Ne nous attardons pas à l'objection débilement empirique que le Prolétariat peut bouder sa Mission : il suffit de l'encadrer. Ni que, roi, il sera peut-être mauvais roi. Il suffit qu'on le dirige. Mais qui, puisqu'il est Christ? Mais tout simplement le Père! Tout recommence à rebours comme une bobine de film! Le Christ ne suffit plus, faut Yahvé! Qui sera-ce? Quel dommage qu'on ait tant sali Staline! Mais baste, il en viendra d'autres! On peut espérer du Cambodge! Et l'on reparcourra le désert de l'Exode en sens inverse pour aller fabriquer et bouffer des briques en quelque Égypte, avec un peu plus d'hygiène, car il est partout affiché : « *Le paludisme freine la productivité!* »

Telle est la mise en forme du rêve où se compense un chrétien quelque peu travaillé par sa désertion : l'enfer. On comprend mieux mon dominicain équilibrant en balance le Goulag et la Promotion Sociale, - un doigt distrait sur le plateau de celle-ci pour l'avantager... Ici je serai très grave. Car il s'y vérifie que rien n'est plus près de Dieu que le Diable, et que le plus aisé glissement de l'un à l'autre est la voie humaine de la Justice, ou du Sublime. Faust est simplet. La foi se perd moins en son contraire qu'en ce qui lui ressemble... Chrétiens, chrétiens, il faut se garder misérables ! Il faut pécher, il faut gémir, il faut être absous — absous, dissous : le dilemme — rechuter, repartir, comme on dit, sur les genoux ! C'est ça, la foi, c'est ça, l'Église, ne guérissant que la misère qu'elles révèlent — et encore... Mais il est aujourd'hui au monde tellement plus de misère que de misères ! Et la misère que l'on vit sans le savoir s'appelle le désespoir, encore éternisé par la fausse espérance. Si le Diable nous confiait ce qu'il veut en faire, de notre monde, il le décrirait... Non, mes frères, cela ne peut pas se dénouer. Cela ne peut que se rompre... Chrétiens, déchirez le voile ! Révélez la misère, la nôtre, la vôtre, de grâce ! Et que le repentir et la rédemption s'en chargent ! Il n'y a pas d'autre solution. Personne ne peut plus se passer du pardon. Les pires seront ceux qui n'ont voulu changer que les choses, que toutes choses. Il n'y a plus que Dieu qui nous supporte encore. Le fond de nous est déjà plus dur pour nous que le Tout-Puissant. Accusons-nous, ou nous culpabiliserons par névrose ! Battons nos coulpes ou nous aurons des flagellants ! Confessons-nous ou nous aurons des convulsionnaires !... Et surtout n'allez pas plaider coupable pour toute l'Église depuis deux siècles et par jeu de bascule décréter l'innocence de toute l'Humanité, perdue depuis toujours par l'échange égoïste et récupérée d'un coup par la collectivisation des machines, ou des coïts, ou des deux... Allez, c'est plus obscur et noueux que ça, l'homme, même sans Dieu! A défaut de Pascal lisez Lacan, par exemple! Vous verrez que rien n'y *répond* à la *demande*. Dès que nous sommes nés, rien ne peut plus nous être moule de mère. Le retour est psychose et névrose l'avance, au point que le suicide est parfois la réponse. Rien ne répond à la demande, dis-je, que Dieu, dont vous voulez nous escamoter le prix, malheureux!... Il sauvera les suicidés de son absence! Il sauvera les hommes héritiers de sa Mort qui gardent une béance! Il sauvera ce monde pour peu qu'il s'avoue malade! Seuls les chrétiens de la mort de Dieu en l'*homme* le damnent, ce monde, car ils ont tout obturé!... On en connaît l'effet sur les dents cariées : la rage, stérile, comme éternelle...

C'est pour eux que j'ai peur, quand nous serons jugés!

*

Je vous l'ai dit trop tôt. Vous ne me croyez pas. Tant pis. La loi de ce livre est qu'il n'a pas de rature. Je parle. Si c'est raté, c'est raté. Tant pis... Tout vient, n'est-ce pas, de ce que vous avez vu au siècle dernier des vertus chrétiennes proliférer hors de l'Église et contre elle. Lors, au nom de l'Église ou reniant son nom, vous canossez, pieds nus dans la neige, tout ce siècle — d'autant mieux qu'il est glaciaire. Pour expier la Croix vous vous présentez corde au cou... Et si la Croix suffisait ? Si la Croix s'expiait sans fin depuis le Calvaire ? Si l'Église, c'était le Christ et sa Croix ensemble ? Si elle était sans cesse clouée sur elle-même ! Vous voulez vous faire blanchir ? Par qui ? Par les porteurs de ces vertus absolues que vous n'eûtes pas ? Mais il n'en existe pas au monde, dit Kant au moment même où il fonde la Personne ! Et la Foi et l'Église sont-elles des machines à fabriquer des vertus ? Ici il faut répondre oui ou non. Si oui, alors j'en conviens, tout est perdu. Il faut changer de Foi et d'Église, attendre le salut du seul socialisme et à son premier accroc sombrer dans le désespoir : or il n'est fait que d'accrocs cousus ensemble !... O vies brisées !...

Sinon, il faut décidément se demander « *à quoi elles servent* », la Foi et l'Église, et répondre un bon coup, et courageusement, que ça n'a pas de sens. « *Servir à* » est contradictoire pour un croyant ! Elles ne servent pas. Elles sont fins en soi. J'ai dit et redirai qu'elles nous ont fait hommes, mais elles sont incompréhensibles à l'homme qui n'y est pas. Là il y a un saut. Elles sont l'absolu qu'elles nous offrent. Lequel? Interrogation absurde. Toute définition de leurs dons est tautologique. Donnent-elles la joie? Oui. Laquelle? La leur. Et de même pour l'angoisse, et pour l'Amour plus encore. Elles ne modifient rien et changent tout. *Rien* n'est chrétien, pas même le bonheur de l'humanité — dont nul d'ailleurs ne sait ce qu'il est... Au plus nous donnent-elles quelquefois ici-bas ce qu'elles promettent pour l'au-delà, une bribe de béatitude éternelle, gratuitement — j'entends sans qu'on puisse l'escompter — et encore à un prix qui du dehors ne vaut pas la peine! Et, toujours du dehors, on peut et doit la dire « *égoïste et solitaire* », la béatitude, puisqu'elle n'a de sens qu'en la Communion des Saints, qu'on ne comprend pas, pas plus qu'on ne comprend que je puisse aimer et servir autrui par la prière...

Quel rapport avec la « *Nature humaine* »? Si c'est avec sa naturalité, nul. Si c'est avec sa nature originelle telle qu'elle nous est révélée, total. J'ai montré que la Mort et la Résurrection du Christ nous la révèlent, notre nature, en *nous* révélant, nous la rendent, nous l'actualisent, si j'ose dire, en puissance, à charge pour la Grâce et la liberté ensemble de l'accomplir, ce qui n'est jamais fini, cependant qu'en revanche l'homme de ces deux siècles s'arroge et brandit contre Dieu ce que Dieu a fait de lui. D'où deux conséquences contraires : un monde plus chrétien serait un monde meilleur, certes, mais par ses résultats et quasiment par surcroît, réalisant, à notre surprise, des brins de l'impossible morale universelle — et l'on n'en peut pas plus tracer de programme que Dieu lui-même... D'autre part on a vu l'idéologie socialiste, la plus purement *humaine* en son athéisme, se retourner contre l'homme encore plus que la pire chrétienté. Inquisition en ses plus belles années : cent vingt morts ; Goulag, trois millions... Dès lors les buts terrestres communs entre chrétiens et humanistes à systèmes doivent être modestes et *empiriquement assurés d'avance de l'effet*, ce qui est rare, tandis que la fusion de la foi en ces systèmes est un crime, et même contre l'Humanité !...

Et j'en profite pour en finir un bon coup avec cette Inquisition rituellement brandie en réponse au Goulag. D'abord chacun convient que le Grand Inquisiteur soufflette la face du Christ, tandis que le nombre décroît sans cesse de ceux pour qui Brejnev outrage la barbe de Marx. Le « *Lénine, au secours ! Ils sont devenus fous!* » des Tchèques envahis en 1968 inspire aujourd'hui un rire des plus macabres. Et puis l'Inquisition est le détestable fruit de la temporalisation du spirituel. Elle a toujours *des chances*. Mais dire cela même revient à reconnaître qu'un système où le spirituel des hommes est entièrement investi dans le temporel, ou nié à son profit, n'a lui, *aucune chance* d'échapper à l'Inquisition Universelle! Un bon avocat du marxisme serait prudent de se taire à jamais sur ce chapitre... A moins, bien sûr, de maintenir que le marxisme est purement scientifique et gestionnaire, sans foi. Mais qui le peut? Personne. Et le chrétien-marxiste moins que tout autre. Abandonner la « *tradition oppressive de l'Église* » pour le marxisme, c'est se sauver du risque de pluie en se noyant : c'est du plus sinistre Gribouille!

Oui, mes Pères, je veux comme vous le communisme, mais à une condition capitale : qu'il ratifie, stimule et développe encore un esprit de communauté ou de communion *déjà là* — condition remplie dans les Actes des Apôtres et certaines communes issues de Mai... Sinon, s'il se charge de produire l'esprit par l'institution, il ne le peut que par police universelle : Goulag à tous les coups; excusez cet œuf de Colomb. Mais vous ne le saviez pas?

Allons donc! Cela contrariait trop vos parousies paresseuses et vous l'avez étouffé! Enfin! vous le savez au moins par vos mariages, qu'une communauté de corps et de biens sans amour est insupportable, germe de folie ou de crime! Vous le savez, que la justice matérielle ne peut être que fruit d'amour ou ferment de haine! Vous le savez, si vous voyez dans l'Évangile un peu plus que la lutte des classes en Palestine! Ces peuplades le savent, pour qui l'échange économique est de dons! Mais vous avez livré l'Amour à vos amis, à vos amis liés entre eux et à vous-mêmes par la détestation d'un ennemi exclu de l'espèce humaine, si bien qu'après les bourgeois il vous faudra des bourgeois et ainsi de suite sans fin, oui, Hélène! Si je criais « *Enfer et Damnation!* » ririez-vous encore, mes Pères?... Ah je vous en supplie, ressaisissez-vous en Dieu avant de ressaisir le monde par Dieu, si cela doit être! Au couvent! Au couvent! Silence! Écoutez-Le!... Et quand vous reviendrez mandatés au monde — car il faudra — « *ne vous mettez pas en peine de ce que vous aurez à dire* », et fichez-vous de ce qu'il pourra vous faire, ce monde!

Hélas! Vous n'êtes occupés que de cela! Amen aux examens, disais-je? Oui certes, aux examens de passage dans chaque cycle, dans chaque *cercle!* Oui, conduite, travail, progrès, surtout progrès : un point de plus par article de foi bradé! Et à chaque bulletin trimestriel : « *S'éveille... Prend intérêt à la classe...* » O collaboration et capitulation avec gages : gages donnés, gages payés! Donnés en singeries, payés en monnaie de singe!... O chrétiens en-gagés! O treize à la douzaine! Oui, bien sûr, je suis intégriste, c'est si simple! Vous me refuserez d'être un chrétien de gauche qui refuse de devenir chrétien-de-gauche au fil de ces traits d'union tranquillisants et totalisants, donc totalitaires, ces traits d'union que seuls peuvent casser la prière, le sacrement, la mystique, je vous assure! Essayez! Essayez! Et tout prendra sa mesure...

Mais non, je ne distingue pas radicalement le Monde et l'Église, le temporel et le spirituel, pour vous reléguer dans ce dernier : d'abord vous y péririez d'ennui! Puis je vous dirai — bientôt je vous dirai mieux — que si l'Absolu de Dieu révélant fut historique, il peut aussi arriver — surtout depuis qu'on L'a rendu inconnu, avec votre complicité — qu'un instant de l'Histoire redevienne absolu sous l'effet de Dieu invisible, de sorte que temporel et spirituel ont des rapports fluctuants, sans nulle doctrine possible. Réapprenez que tout est difficile, mes Pères ! L'évêque qui reçut aux ve et vi^e siècles le pouvoir temporel de ses ouailles affolées d'anarchie sanglante, devait-il le refuser ? Je n'en sais rien, vous non plus : tout le Moyen Age en vient... Et s'il se fait demain ou après-demain, comme en Mai, hors de toute Église, une révolution culturelle et spirituelle où vous serez débordés, ferez-vous contre ces sauvages de l'Esprit un Service d'Ordre ? Ah, faute de discernement spirituel du monde et de ses lignes de force, faute d'audace directement inspirée, ne puis-je vous suggérer cette vertu décriée qu'est la prudence ? Exemple : imaginez la chrétienté se donnant à la grande espérance humaine de 1917 ! Elle aurait eu bel air en 1937 ! Et encore : imaginez une politique française qui prenne notre pays méprisé par les peuples riches, haï par les peuples pauvres, et le laisse aimé des pauvres et tenant en respect les riches : voilà une politique spirituelle, n'est-ce pas ? Eh bien, c'était celle de de Gaulle, que vous avez exécré, entre autres, parce qu'il ne quêtait pas les satisfecit de la Gauche, parce qu'il faisait enfin et sans la consulter ce qu'elle avait dit et pas fait ! Et, mort, vous refusez de prier ou d'officier pour lui, méchants hommes ! Vous le détestez tant que vous désertez le deuil spirituel du monde conduit par Mao et Castro !

Prudence, vous disais-je... Mais c'est — ô paradoxe — par sécurité interne que vous preñez le risque fou de mettre Jésus partout dans la difficile politique — dont vous n'avez jamais seulement cherché le lieu d'être — quitte à Le compromettre jusque dans l'inhumain et vous en laver les mains! Vous n'êtes donc prudents que pour vous, pas pour Lui! Mais alors, que vous dire et comment vous atteindre, ô irresponsables qui n'avez que le mot « *responsable* » aux lèvres, allumeurs-allumés jouant avec les allumettes! Enfin, ne pourriez-vous avoir l'humilité — oui, l'humilité! — d'une « *morale provisoire* » en ces lourds domaines, et n'engager de vous que le citoyen incertain, non l'oracle?... O clercs, ô papillons, hannetons, trublions, ô semi-intellectuels insoucieux d'ajouter au malheur des hommes, ô militants dans le méritoire en comparaison de qui les politiciens de carrière sont graves, faut-il qu'ils aient besoin de vous comme appoint de voix gauchardes pour ne pas vous chasser au-delà des montagnes, comme ferait un bon républicain, un bon roi! Ah, rendez-nous donc Voltaire et son « *Écrasons l'infâme* »! Ah, pauvres vieux socialistes « débordés », chers athées « dépassés », vous qui n'étiez au plus qu'un peu mangés aux mites, voici les nuées de sauterelles catholiques !

O mes instituteurs laïques et obligatoires de Sète, Monsieur Gontier, Monsieur Vésinet, Mademoiselle Larose ! O Guéhenno humanisant dans son parc de Sceaux ! Quelle dignité ! Quelle réserve ! Quel respect de tous leurs élèves ! Quel sentiment de leur propre ignorance ! Quel sérieux !... Moi qui ne suis séparé d'eux que par mon Dieu, comme ils mériteraient que je m'en excuse, ou presque ! Au moins que je leur fasse en mon cœur un sanctuaire et que je prie pour eux, car ils ont bien travaillé... Qu'ils sachent que je ne suis pas devenu obscurantiste, au contraire, que j'ai creusé leur humanité et leur humanisme jusqu'à leurs conditions de possibilité. Qu'ils me pardonnent ce livre, qu'ils me pardonnent ce titre, songeant que mes éclats visent à rétablir cette pudeur qu'ils aimaient... Je sais, c'est contradictoire... « *Du tact, nom de Dieu, du tact !* » c'est un effet de théâtre... Mais quoi, je n'en peux plus de tous ces curés-là !

Surtout, j'y songe, de tous ceux-là que j'ai connus autrefois dans les choses grandes... Comment ne voient-ils pas enfin que leurs vrais cris, leurs témoignages à tous risques, leurs actes de rupture dans les événements rares où affleure à nu l'Absolu — résistance, torture — s'usent et s'avilissent et se démonétisent au long de leurs hebdomadaires états prophético-politiques?... Dosez, dosez, Révérends!... Résister à Hitler et voter Mitterrand ne sont pas du même ordre ontologique, que diable! Mais on n'a jamais tant que vous fatigué Dieu depuis la Création Continuée de Descartes! Et pourquoi cet usage et pourquoi cette usure, en dernière analyse, sinon pour vous faire voir? Allons, avez-vous mis le Christ dans la rue ou sur le trottoir? Qui vous Le demandait? Pas même les gauchards! Ils n'y pensaient pas!... Oh, que tout s'éclaire! Ils ne L'ont pas pris en otage, vous L'avez offert en aubaine, contre droit de cité et spots de publicité!... Vous trafiquez! Vous trafiquez des choses saintes! Les marchands du Temple que vous comparez tant aux capitalistes, c'est vous! Ils n'exploitaient le travail de personne mais la piété! Ils en tiraient trois sous et vous trois interviews! Ils étaient à peine plus mégoteurs que vous, les pauvres!

Je ne vous comparerai pas aux maquereaux : ils gagnent trop gros...

*

Non, ce n'est pas à moi de brandir le fouet fait de cordes!... Bien plutôt essayer de vous comprendre encore et encore!... D'abord vous avez été précédés en cette simonie-là par les partis démo-chrétiens de France et d'Europe, ces espèces de choses épouvantables... Et puis vous étiez si las des baptêmes et mariages... Le monde s'en allait à la société de consommation, exactement contemporaine du Concile... Plus de tragédies : des « *problèmes* », et l'aliénation universelle — car vous découvrez l'Homme au moment précis où il convient ou pressent qu'il n'est plus lui-même... Et vous avez alors la grande solitude et toutes les tentations, dont la chair est la moins subtile, la plus perfide étant de faire une sortie pour évangéliser le monde enfui — quoi de plus pur? — mais, par souci d'efficace, « *en adoptant son langage* », ou en s'y « *adaptant* », ou en s'enrichissant par de « *loyaux échanges* »!... Comme si le langage était l'instrument neutre de n'importe quelle pensée préalable! Alors que le langage d'un temps porte sa pensée profonde et vous y porte! Vous vouliez, malheureux, ragripper fraternellement ce monde en allé en épousant ses problèmes, cependant que c'était en ces problèmes et par ces problèmes qu'il avait fui! Vous n'avez épousé que les lignes de fuite! Et donc vous vous êtes fuis! Et votre foi s'est fuie et vidée d'elle-même, au-to-ma-ti-que-ment! Comme si

Christ pouvait répondre aux soucis humains qui le nient autrement qu'en brisant ces soucis et refaisant l'homme! « *Le monde tel qu'il est* »! « *Les gens où ils sont* »! O niais! Comme s'il suffisait de savoir l'adresse! Est-ce qu'un monde qui se fuit est tel qu'il est? Un peu de philo, que diable! Vous avez vu un monde mécanisé et l'avez cru mécanique, donc animable, alors que son animation est de se mécaniser! Vous l'avez cru inerte alors qu'il charriait depuis deux siècles un flux et une épaisseur alluviale excluant votre foi et engluant votre être — un peu comme vous crûtes à une *libido* fixe, calmée le jour par l'abonnement de la nuit, alors qu'Éros est aussi indéfini que Dieu infini, si bien que vous avez beaucoup plus refoulé mariés que chastes!

Vous avez eu des projets, et des projets réfléchis, et cela sans aucune puissance réflexive! Vous ignoriez ou vous ne vouliez pas savoir que le monde où vous alliez n'était pas monde, mais culture! Vous ignoriez ou vous ne vouliez pas savoir ce qu'est une culture et combien elle est impériale et adhésive, pénétrant tout, imprégnant tout des métaphysiques aux mœurs et gestes et magazines, et que « *les gens où ils sont* » — parbleu ils sont en elle! — n'ont besoin de rien d'autre, ou alors, obscurément, de tout autre!... Vous aviez votre seule chance avec l'Ailleurs et vous étiez là, vous rappliquiez là, offrant à notre Divertissement Majeur une diversion mineure et minable. Oui, si cette culture casse tous les poètes-prophètes qui s'y heurtent — folie, suicide, silence — à plus forte raison comme elle déglutit les pieux malins qui croient s'y couler! On les suit à la trace dans ce boa qu'elle est, non-être s'engendrant et glissant épaissement en soi-même!... Au point que je me demande si votre petit glossaire grotesque ne serait pas un dernier instinct de défense : ne rien dire plutôt que dire le Néant... Il vous sera beaucoup pardonné pour votre insignifiance, façon de s'arrêter à Bouvard et Pécuchet ou Dupuis et Cotonet sur le chemin de Marx et Engels — encore que Dupuis et Cotonet, les Bouvard et Pécuchet de Musset, aient dans leur dialogue de mirlitons deux vers qui dépassent largement Marx et Engels vers notre avant-garde cléricale :

« *J'accouchai lentement d'un poème effroyable*
Vénus avec le Christ y dansait aux enfers! »

N'y sommes-nous pas, à cette burlesque danse infernale? Mais voici qu'elle m'évoque une anecdote inouïe. J'ai rencontré un prêtre marié, défroqué, hors de l'Église. Jusque-là rien de rare, au contraire. Mais savez-vous ce qu'il m'a dit pour m'expliquer son affaire? Non, vous ne devinerez pas! Il m'a dit : « *La chair — Quoi?* » répondis-je, abasourdi. Il reprit : « *Oui, vous avez bien entendu : la chair : je n'ai pas tenu. J'ai cédé. — Mais en êtes-vous sûr?* lui ai-je demandé. *N'était-ce pas plutôt, comme chez tous vos collègues,* " *un surcroît d'accomplissement spirituel par l'amour humain* " — *Non,* m'a-t-il dit, *la chair.* » Le butor! L'impoli! Je ne savais plus où me mettre. Je lui fis répéter deux ou trois fois la chose. « *J'ai lutté,* m'a-t-il dit encore, *longtemps, tant que j'ai pu. Mais j'ai été vaincu. Est-ce clair?* » Et moi, tout bégayant : « *Serait-ce que vous souffrez?* » Il m'a répondu que oui... Alors je me suis mis à genoux devant lui et il m'a béni, sur ma demande... J'avais donc rencontré, entre tous les anciens prêtres, un de ceux... non, celui, peut-être, qui ne se racontait pas de salades, et compris qu'il avait sa place en Paradis.

Mais j'aime assez, aussi, les prêtres à mi-chemin d'abandon, ceux qui exhalent encore une certaine onction, ou déjà un soupir, dans « *l'assomption humaine* », « *l'interpellation valable* », et la « *foi résolue, adulte et responsable* ». A ces mots, sur le point de tirer mon revolver, je le rengaine par pitié de leurs visages. Ils m'attendrissent... Je ne parle pas du Pape, qui a toujours l'air de se taire quand il parle, tant est insondable sa tristesse... du Pape qui me donne l'impression de savoir, lui, de par sa place entre le Fils et le Père, pourquoi l'Esprit est en grève illimitée dans l'Église... Je parle de ces prêtres, encore un peu gênés d'être alertes, dansant d'un pied sur l'autre pour ne point s'égailler, comme aux cérémonies de funérailles trop longues. Ils n'ont pas l'immense foulée des matins de dépucelage. La capitulation ne les a pas soulagés. Ils ne vous parlent pas de leur pieux passé avec une tendresse amusée de folklore : ils n'en sont pas encore à lui être indulgents, maintenant-qu'ils-sont-devenus-intelligents ! Ils ne vous parlent pas d'un saint qu'ils ont connu comme d'un « *saint homme* », ils vous disent encore : « *Une espèce de saint, peut-être un peu dépassé* ». Bref, ce n'est pas classé. C'est Vichy 41, avec ses semi-mélancolies sympathiques, presque estimables... Certains vous disent, l'air grave : « *Que dire aux hommes de notre temps, de concret, qui les concerne ?* » et de s'échiner six jours durant sur la presse quotidienne pour trouver quatre thèmes de prière universelle dominicale à peu près radicaux de gauche... Dans les grands creux on prie pour les Nations Unies...

Ils ne se doutent pas qu'il y a quelque vingt siècles, annoncer à un centurion de Pannonie le supplice de l'un de ces petits agitateurs juifs pullulant dans la Palestine ne présentait rien de « *concret* » qui le « *concernât* » — du moins *a priori*, car en fait ça marcha : faut croire, puisqu'on est là... Il ne leur vient pas à l'esprit de recommencer, du moins sans traduction socio-culturelle adéquate... Parfois je leur suggère que dans l'ordre de la Foi la seule question « *que dire ?* » est contradictoire, l'Esprit s'étant chargé de nos paroles, de nos gestes, de nos silences ou de leur mélange, et que si on s'occupait d'abord d'être compris, aucun poète n'aurait écrit, aucun prophète crié... Parfois je leur explique qu'une ère de l'Histoire au pouvoir politique anonyme et anonymant, dans un champignonnage de philosophies syncrétiques et de religiosités confuses et aberrantes — peut-être d'attente — c'est à la fois l'époque où ont surgi les apôtres et la nôtre, et je leur crie : « *Allez, allez, allez, n'y allons pas, rentrons dedans ! Refusons tout ! Cassons tout, soyons athées de toutes idoles ! Bouffons du lion en espérant la réciproque ! Le grand Refus, c'est nous ! Gagnons la course à la Révolution Culturelle ! — Mais oui*, répondent-ils, *voyez comme la liturgie conciliaire remonte aux sources!* » Les bras m'en tombent... Il vaut mieux que les bras m'en tombent... Car il est vrai que l'on reprend aujourd'hui les traits de l'Église des Apôtres — avec une différence « *légère et à vrai dire métaphysique* », un chouya, un iota, un cheveu, un infiniment petit : on remplace leur *non* au monde par un *oui!...*

Et lors, dans cet univers mental qui de toute part les tient, on comprend que surgisse, et à leur stupéfaction, un « *problème* » : « *Que dire qui soit chrétien? Que faire qui soit chrétien?* » Ou, plus moderne : « *Quel type de dire ou de faire pourra porter notre exclusive image de marque?* » Ben rien, évidemment rien, vu la prémisse : le *oui* au monde! Mais comme on était peu conscients de la prémisse, panique, mouvement brownien, brain-trusts en tous coins et azimuts, casse-tête! On bat l'estrade, la campagne, la planète! On va chercher partout en cercles concentriques où diable pourrait être le centre qu'on a fui. Que doit faire la foi? Question déjà stupide puisque prise du dehors et soumise à une valeur morale... Mais on précise, et c'est le poème des poèmes : *que doit faire la foi qui en même temps lui soit propre et convienne à tous ceux qui ne l'ont pas?* Là, du coup, on se tord, mais, tenez-vous bien, pas de rire : de « *difficile quête socio-évangélique* », dont « *la démarche heureusement incertaine exclut le risque grave de nous sécuriser* » : en clair, c'est la poule ivre cherchant ses canards sur les cheminées. On refeuillette éperdument les Évangiles — sauf, comme par hasard, la phrase : « *Ne vous mettez pas en peine...* » On y voit, souvent, les pauvres. On ne s'attarde pas aux « *pauvres en esprit* », c'est trop compliqué. Le monde est là, on y est, on y cherche les pauvres. L'ennui c'est qu'il y en a quand même de moins en moins, et qu'ils sont tous pris. Le prolétariat ? En mains. Les immigrés ? En gros, ils pensent, c'est légitime, au prix de leur enfer, au bistrot qu'ils s'achèteront au pays, bien plus qu'à nous fournir en manifs et en mérites — et mon corps a payé le droit d'écrire ces lignes... Le tiers monde ? C'est vaste. On y va. Mais si on y reste, qui le saura ? On en revient donc. Et cela fait beaucoup de billets d'avion...

Restent les marginaux, les déchus, les drogués. On les soutient. C'est très beau. Mais la « *présence au monde* » se nie si elle reste aux lisières, elle n'est pas « *moderne* » si elle se condamne aux résidus virtuellement révolus — car on n'a pas l'idée qu'ils vont gagner le reste : c'est trop sombre, trop loin de la pimpante « *espérance humaine* » ! Alors on laissera ces débris de la terre aux camarades charismatiques, qui ainsi se feront quelque peu pardonner leurs démobilisantes prières, et l'on prendra le centre avec la politique, non tant gauchiste, qui vous ramènerait dans les marges, que gaucharde, organisationnelle, politicienne, encore assez chargée de messianisme terrestre pour que la foi « *investie* », aux deux sens du terme, devienne peu à peu indiscernable et finalement insensible à elle-même... Et la question est résolue par extinction...

Et pour un peu je dirais avec exaspération : « *C'est bien fait!* » Ils sont trop bêtes! Ils étaient trop bêtes! Car enfin si les pages qui précèdent ont un sens, la seule idée, vous m'entendez, la seule idée que la *foi* puisse *répondre* aux *problèmes* de notre *temps* est un *monstre!* La foi liquidera notre temps et par là même tous ses problèmes, ou inversement! Je n'ai pas voulu cette guerre à mort, je la constate, et je dis — en cela je me vante d'un minimum, d'un tout petit minimum de courage et de lucidité que nul n'a — : je ne serai pas, moi, ce juif européen de 1943 escomptant que le *judaïsme* apporterait une *réponse* ou même une *solution* aux problèmes du *nazisme!*

Est-il besoin d'ajouter, chrétiens, pour votre plus grande honte, que vous êtes ce juif?

Ce juif qui évidemment n'existait pas...

*

Je reçois la visite d'un prêtre, d'un ami, cher entre tous, qui suit mon ouvrage, qui s'en inquiète, qui ne veut certes pas me décourager de poursuivre — comme tant d'autres, par qui j'ai été abandonné — mais... mais... il n'aimerait pas que je me fasse « *récupérer* » par la Droite, et ne comprend guère que j'en doute et que je m'en foute... Il s'est converti sous le Pape Jean XXIII, grâce à lui, et il m'aime...

Cette fois il m'apporte des textes importants, des articles de deux vénérables Pères Conciliaires, parus à l'occasion du dixième anniversaire de la fin du Concile, pour me montrer que c'est « *une base solide* ».

Je lis avec respect. Voici quelques extraits. L'un dit :

« *Le monde moderne a développé un certain nombre de valeurs d'estime de l'homme, de la culture, de l'histoire, de la science, de l'égalité sociale, de la justice. Tout cela, sauf de belles exceptions, avait été jusqu'ici ou admis à contre-cœur ou trop petitement*... Cet après-Concile, pour moi, c'est surtout l'ouverture de l'Église au monde moderne, c'est-à-dire aux lumières. »

C'est moi qui souligne et soulignerai les perles... L'autre Père nous dit :

« *Avènement définitif de la sécularisation : c'est la préoccupation politique, sociale et culturelle qui* occupe le devant de la scène, *pas la préoccupation religieuse.* Le destin humain *ne se joue plus dans l'enclos religieux.* »

Notons que le « *destin humain* » se joue pour lui « *sur le devant de la scène* »... Penseurs, fatiguez-vous donc à creuser!

Et encore :

« *Le problème c'est l'homme... Les chrétiens sont sommés de remettre sur le métier leur humanité. Et l'identité chrétienne ne va plus de soi... Ce mouvement de questionnement radical... exige de l'Église des preuves en humanité...* »

Là tout serait à souligner. Cela illustre et dépasse mon « *amen aux examens* »! Enfin, l'apogée :

« *Que nous le voulions ou non, la crédibilité chrétienne passe aujourd'hui par la crédibilité humaine...* C'est l'homme qui fait le chrétien. *Ce sont des hommes et des femmes* reconnus comme tels *qui font l'Église. Et l'Église devra toujours veiller à la* qualité humaine *de son enracinement et de sa parole... Ce qui est une manière de rejoindre l'incarnation, affirmation centrale du christianisme, s'il en est.* »

Le prêtre guettait mon impression.

Il me fallut la lui confier. Je pris un biais :

— *Heureusement,* lui dis-je, *que l'Église n'est ni une faculté de philosophie ni une armée en guerre !...*

— *Pourquoi ?* dit-il.

— *Philo : zéro. Armée : douze balles dans la peau.*

Nous parlions familièrement, on le voit. Je repris, après un silence :

— *Je crois bien que je n'ai jamais vu un tel concentré de nullité intellectuelle et de défaitisme spirituel... Oui, c'est cela, rien de plus lâche, aux deux sens du mot. Lâche, comme les mailles d'un tricot épuisé. Lâche, comme tous ceux que le Salut Public colle au poteau.*

Et je lui demandai, sur un ton de reproche tendre :

— *Est-ce pour me réconforter que vous m'apportez le désastre ?... Entre nous, pourquoi m'avez-vous amené ces textes ?*

Il répondit :

— *Afin de vous dissuader, dans vos critiques féroces, souvent si justes, de remonter au Concile.*

— *Mais je n'y songeais pas !* lui dis-je.

— *Ah bien,* dit-il, dans un grand apaisement...

Et moi :

— Mais maintenant, comment faire autrement?

★

« M. Maurice Clavel crevait depuis longtemps de rage impuissante et ricanante dans le désert stérile et solitaire de son soi-disant univers spirituel. Depuis quelques années ses yeux au ciel et ses mains jointes couronnaient le narcissique portrait qu'il ne cessait de nous infliger de lui-même, notamment, à longueur de colonnes, chaque semaine, dans un grand hebdomadaire de gauche où il s'est inexplicablement glissé et maintenu, pour bafouer, persifler, démobiliser les forces progressistes de la libération humaine. Mais voici que dans son dernier ouvrage, sans doute impatient de connaître enfin le succès, et cédant à ses compulsions obsessionnelles, il se démasque. Son amour de Dieu n'était que haine. Dieu lui est un moyen de haïr son prochain. Son culte passéiste et son adoration suspecte, qui ne manqueront pas de faire jubiler les intégristes et les chaisières, somment Dieu, et le louent, de revenir piétiner avec ivresse, — avec la même soûlerie de sang qui le grise dans les horribles holocaustes de la Bible — les débris fumants de l'Homme et de toutes les merveilles qu'il a pu faire par lui-même... Mais à quoi bon poursuivre ces réflexions qui probablement l'en-

chantent? La charité — mais soupçonne-t-il ce que c'est? — doit nous inspirer désormais un grand silence. Dans son irrépressible orgueil et son mépris forcené de ses frères, dans sa haine absolue et totale de l'homme, M. Maurice Clavel s'est mis lui-même au ban de l'Humanité. »

On reconnaît là quelques articles qui m'attendent. Pourquoi, au fond, ne pas les rédiger moi-même?... Toutefois il se peut que malgré ce genre d'écrits, j'atteigne quelques lecteurs. Et dans ma lutte inégale et désespérée contre les démons du facile, dans mon combat pied à pied de rigueur et de vigueur, je dois considérer constamment où ils en sont. Or, si même j'ai pu les entraîner jusqu'ici, je crains qu'ils ne ressentent pas avec la même abomination et désolation que moi les énormités de nos grands Révérends Pères Conciliaires sur la « *crédibilité humaine* » servant de fondement ou de modèle à la « *crédibilité chrétienne* », et cet examen de passage — devant qui? — où nous serions sommés de fournir nos « *preuves en humanité* ». J'ai peur que le charabia ne leur cache la chienlit. J'ai peur qu'ils n'y voient pas l'abandon de tout ce que c'est. J'ai peur qu'ils ne se laissent encore impressionner par l'évidente et équivoque beauté du mot « *homme* ». J'ai peur qu'ils ne se disent que je suis contre *l'homme* par inhumanité, surtout s'ils n'ont pas lu les ouvrages où je montre que, depuis deux siècles en puissance et dans ce dernier en fait, *l'inhumain c'est l'homme.* Je voudrais les éclairer, les convaincre. Et je voudrais convaincre, peut-être plus encore, ces frères que j'estime séduits ou égarés, que j'espère ne jamais appeler mes adversaires, afin que tout soit clair entre nous lorsque enfin je les supplierai.

*

Entendons-nous. Si l'humanisme est la doctrine de la *valeur absolue* de l'homme, je suis humaniste, avec Kant, avec tous les athées idéalistes, contre Nietzsche, contre Foucault. Si l'humanisme est la doctrine de l'*existence absolue* de l'homme, de l'homme seul, à l'exclusion de Dieu, je suis antihumaniste. Je n'admets pas *l'existence de cet homme qui exclut Dieu* — et qui d'ailleurs, dans la grande pensée occidentale, vient en quelque sorte d'avouer son inexistence... Mais comme justement on m'a beaucoup reproché d'admettre, à l'inverse, *l'existence d'un Dieu qui exclut l'Homme,* ou encore de donner à choisir entre Dieu et l'Homme présentés dans une exclusion réciproque, un « *ou bien... ou bien* », je dois répondre à cette présentation courte et calomnieuse de ma thèse.

Et je réponds : non, le dilemme, l'exclusion réciproque n'est pas entre Dieu et l'Homme, mais entre Dieu et l'*homme*. Qu'on veuille bien accepter cette précision typographique, qui distingue deux réalités différentes, presque contraires. J'appelle « homme » l'individu de l'espèce humaine. J'appelle « Homme » celui qui, par-delà le péché, est recréé comme tel par l'agonie, la mort et la résurrection irradiante du Christ, Homme Absolu : le voici alors, l'Homme, individu enfin parfaitement singulier et universel, naissant et *existant* par le drame absolu et historique de cette Révélation Christique. Il naît et il existe avant d'être pensé — il ne le fut guère chez nous qu'il y a deux siècles — ou encore il vient remplir tout à coup d'existence une pensée vide ou incomplète — tel le *genus humanum* de l'Antiquité, étrangement contemporain du Christ, mais qui n'excluait rien de moins que les esclaves, les femmes et les barbares... Saint Paul proclamant « *Il n'y a plus ni Grecs, ni Juifs, etc.* » n'est pas l'auteur d'une théorie, mais le héraut d'un fait absolument nouveau, réel et qu'il s'agit cependant de « *réaliser* » : l'Homme existe. C'est comme dans l'instant décisif d'une guerre : tout reste à gagner, mais c'est gagné; c'est gagné mais tout reste à gagner. Tel est le Christianisme, ou l'Histoire Chrétienne, histoire absolue de l'Homme, toujours à finir de se gagner, tellement libre qu'il peut toujours se reperdre. Et c'est ce dernier malheur qui arrive depuis deux siècles.

J'appelle « *homme* », en effet, le sujet humain d'Occident qui, collectivement, profondément, par le choix fondamental de notre dernière culture, a cru devoir et pouvoir tuer Dieu en lui, se couper de sa racine divine d'existence et, sinon se créer, du moins se produire en s'incorporant le monde et s'attribuer la source de toute vérité. Prométhéen? L'expression est inexacte et, pour nous chrétiens, renferme un piège. Car la révolte légitime de Prométhée visait à détruire ou détrôner un Dieu entièrement extérieur à l'homme et l'asservissant du dehors : tel est peut-être en Occident le Dieu de Voltaire, architecte et gendarme. Tel n'est pas notre Dieu, « *plus intime que mon intime* », avec lequel je ne suis ni un ni deux : au reste, si la transcendance divine était une extériorité absolue à l'homme, elle n'aurait jamais été révélée ni soupçonnée. Et j'ai montré que cette Révélation nous *rend à nous-mêmes* et nous libère, échappant ainsi au cri sublime et un peu simpliste de

Sartre : « *Toute philosophie qui ne part pas de l'Homme et de sa liberté absolue le dégrade et se déshonore.* » Car au contraire l'homme qu'envahit Dieu par le Christ est *recréé libre.* Si vous ne voyez pas comment une révélation nous libère, pensez à celle de l'amour charnel et vous comprendrez : nous sommes révélés à nous-mêmes, transformés en nous-mêmes. Mais en revanche l'homme qui s'est arraché à Dieu par sa prétendue suffisance métaphysique est vide, et il *se prend passivement à son vide* — comme dans le vertige, si bien décrit par le même Sartre — d'abord sans le savoir; mais son premier soupçon s'appelle désespoir...

Nous sommes au dernier instant de notre dernière culture — mort de Dieu, avènement absolu de l'Homme, espèce de Péché Originel réitéré au carré... Nous en sommes à l'écœurement de tout désir et l'exténuation de toute idée, crispés sans tragédie, défaits sans adversaires, esclaves même sans maîtres, accusant tout sauf nous-mêmes. C'est bien l'*homme* qui meurt, celui qui a tué Dieu en lui — ou plutôt a cru le tuer et l'a refoulé... Il meurt, comme nous l'avait annoncé Nietzsche, comme nous le confirment nos anthropologies qui partout ont dissous ou débusqué le sujet, ne nous laissant plus même la ressource de dire « je » avec un semblant de fondement. Il meurt de l'autarcie dont il est né, qui s'avère un autisme. Il en arrive au point où il n'a plus assez de pensée pour être ni d'être pour se penser : épuisement philosophique, quelles que soient les doctrines ou leur macédoine; aliénation sociale, quels que soient les systèmes ou les régimes... C'est donc l'Homme qui est à ressusciter ou à relibérer de l'*homme*.

Et c'est ce qui arrive, frères! C'est le retour de Dieu, toujours à notre recherche, tant il nous aime et a besoin d'être aimé de nous nommément! C'est trop beau et c'est vrai! Il nous presse tandis que nos résistances faiblissent, faute que notre suffisance ait pu fonder un ordre qui nous suffise... Dois-je répéter à mes calomniateurs dominicains ou jésuites que c'est Son Amour qui nous presse et non sa vengeance? Que ce retour est à l'opposé d'une revanche? Que Dieu ne revient pas piétiner avec rage le cadavre et brandir en triomphe le scalp de l'homme, pas même de l'*homme?* Bien plutôt il revient nous recréer une fois de plus en Hommes — si nous le voulons bien, car nous sommes absolument libres, libres d'être ou non libérés... Oui, c'est ce qui se passe! O ne soyons pas mièvres, amis! C'est la blessure ressuscitante! C'est la brèche radieuse où il faudrait s'élancer, foncer, sans nulle autre pensée que d'une action de grâces pour cette histoire d'Amour après deux mille ans recommencée, d'Amour inlassable... Oui, c'est ce qui se passe ou qui se passerait — il faut que je le répète — sans l'Église, sans l'abandon de l'Église à l'*homme* passé, défunt, dépassé! C'est la Colonne de Secours que j'annonçais, qui arrive, et qui risque d'arriver une minute après la capitulation massive! Seule tragédie de ce temps! Et je ne sais pas si tout est perdu ou gagné! Et je n'y peux rien, si on ne m'entend! Oui, je l'avoue, j'enrage et palpite et défaille, comme un enfant, devant un *suspens* final de film de Télé — course de vitesse en montage parallèle entre bons et méchants, indécise jusqu'à la dernière seconde — trépigne, gesticule, se contracte, s'arrête de respirer...

Sauf que c'est vrai et qu'il y va du Salut du Monde...

*

Alors vous comprendrez que je vous supplie à genoux, frères égarés! Je vous implore, masses, foules, âmes et personnes chrétiennes, peuple qui ne sait pas qu'il est livré, négocié! Et même vous, mes Pères, une dernière fois je vous conjure! Pour la pensée, d'abord : après avoir été en retard de tout dans cette culture, serez-vous en retard de toute une culture! Serons-nous les derniers imbéciles heureux?...

Non. Puisque je me suis fait comprendre, je l'espère, je vais vous comprendre à fond. Je ne soupçonne pas votre foi. Vous croyez. Vous avez cru en Dieu sous le règne de l'*homme*. Il vous a fallu, vous avez eu de la force : certes, pas tout à fait celle de dire « *non* » à ce règne — et qui d'ailleurs l'a fait, hors des douairières et des grands poètes? — mais celle de garder Dieu, d'essayer de nous le transmettre... Alors tout ce temps-là vous L'avez non seulement humanisé — ce qui va de soi, puisqu'il s'est fait une fois homme — mais humanistisé. Vous l'avez rhabillé ou rafistolé en *homme*, pour le faire survivre, timide et toléré, pour le faire passer, un peu inaperçu et distraitement admis, au long de notre dernière culture, vous disant qu'après tout il n'en était pas à une incarnation près et finissant peut-être par vous y prendre : pieuse ruse, mais d'une piété véritable, ce Christ de contrebande. Les agnostiques s'en amusaient. Les marxistes vous guettaient. Les athées avertis s'en agaçaient, non sans noblesse.

Mais ils étaient peu. Et vous avez réussi au-delà de toute espérance, ces derniers temps, grâce à l'épuisement de la dignité humaniste. Je m'explique. Le Christ, dans votre propagande, n'étant plus guère Dieu — et bientôt plus du tout — mais un ami, un proche, un copain, un pote, il y avait un danger. Vous pouviez alors craindre que des rationalistes, ou même des personnes vulgairement sensées, ne se disent :

« *Mais qu'est-ce qu'ils ont après ce gars de Nazareth, mort voilà deux mille ans et plus même ressuscité — comme eux-mêmes le reconnaissent ? Il ne leur manquait plus que de devenir fétichistes ! Ils renoncent à la divinité de leur Dieu pour nous rendre un magicien ! Certes, le Père B... de* Témoignage chrétien, *nous assure qu'* " *étant allé au bout de lui-même comme homme, il est devenu dieu pour nous et avec nous* ". *Mais entre nous, qu'est-ce que ça peut bien vouloir dire ? Il y a des tas d'hommes qui sont allés jusqu'au bout d'eux-mêmes ! L'humanité, par bonheur et pour son honneur, en est pleine ! Les héros, les martyrs, les sages ! On a souffert à Buchenwald et au Goulag plus que sur la Croix ! Alors pourquoi Jésus seul Dieu pour ces gens-là ? Pourquoi pas tous les autres, héros, sages, martyrs, en vagues de promotion successives ? Qu'est-ce qu'ils ont à se faire les fans de cette idole qui ne peut même plus signer d'autographes ? Si encore les Évangiles en étaient ! Mais ce sont eux, les chrétiens, qui disent que non, eux les premiers! Ils disent qu'après la mort du Nazaréen ses amis ont eu des apparitions étranges et qu'ils ont reconstitué sa vie d'après ces images! Ils nous invitent à suivre une bande d'hallucinés, pas même vedettes, dans leurs flashback sentimentaux et romanesques! Croient-ils que ça va marcher?* »

Et pourtant oui, ça marche!... Car je viens de prêter ces paroles sensées aux derniers représentants d'un monde rationaliste — au fond presque sportivement atterrés que le vieux monothéisme, leur adversaire, renonce à la divinité de Dieu pour le prestige d'un médium, que dis-je, d'un mélange de médium et d'ectoplasme... Mais voilà : notre époque est devenue magique, les gens ne sachant plus à quel saint se vouer et se fixant sur n'importe quel mystagogue, de sorte que le Christ est inopinément soulevé par la vague des voyants et des astrologues! Oui, le dernier sursis et le dernier public que vous lui avez gagné, le voilà!

Mais s'Il revient Lui-même?... Pères, que ferez-vous? Radieux, mettrez-vous fin à vos pieuses ruses et ses peu dignes métamorphoses — car il faut bien admettre une dernière fois que le Christ magicien et le Christ cégétiste sont, au même étage psychique, des gris-gris fixateurs du plus vil de l'esprit et du plus commode du cœur... Je reprends : S'Il revient en Personne, L'admettrez-vous? Chasserez-vous enfin le mystagogo-démagogue? *Ou bien vous seriez-vous déjà trop habitués aux facilités de ce monde?* Vous démasquerez-vous un bon coup, un grand coup, ou pas plus que ne peut le faire ce pauvre Lorenzaccio, le masque ayant collé à la peau? Répondez! Répondez! Car Il revient, vous dis-je! Vous n'y croyez pas? Allez voir ces milliers de jeunes gens et de jeunes filles qu'Il saisit! Ce sont souvent les plus jeunes de vos écoles qui en ont assez de vos grilles structurales, Christ les ayant libérés! Allez voir les hôtelleries de couvents contemplatifs remplies d'étudiants! Allez voir d'autres en leur vie communautaire — oui, communiste réelle! — en leurs assemblées de prière! Vous n'y croyez pas! Vous les traitez d'illuminés ou d'illuministes?... Est-ce que vous auriez désormais *intérêt* à ne pas croire à cela? Seriez-vous déconfits comme les hommes du compromis à l'heure où les intransigeants violent la victoire — oui, déconfits au point d'en venir à nier, par dépit, cette sainte cause pour laquelle ils avaient cru devoir transiger? Serait-ce que vous ne pardonnez pas aux vainqueurs d'avoir, vous, fléchi? Telle fut la fin de Vichy!...

Mais soit. Vous n'y croyez pas. Alors je

modifie ma question, ma sommation : S'Il revenait — au conditionnel, vous voyez — seriez-vous prêts à lui restituer sa Transcendance et sa Gloire, éternellement vivantes, toujours présentes ? En finiriez-vous avec ces vêtements de survie, ce passeport maquillé de petit homme ? Oui ou non ?... Sinon, si vous dites que la question est fausse et la chose impossible et indésirable, Dieu et Christ étant abolis par théologie dialectique en *homme* ou prolétariat, en ce cas il vous faut anathémiser les autres, ceux qui croient Le vivre en Personne — dont moi : je deviens l'hérétique de votre dogme ! Ne croyant pas à mon Dieu, croyant que mon Dieu n'est pas, il faut m'excommunier, me brûler, au moins en effigie. Un célèbre dominicain le fait déjà, ravi de se ressourcer ainsi à son Ordre...

Mais attention ! Réveillons-nous ! Pinçons-nous ! Cela devient fou ! Nier, excommunier un Dieu que je sens vivant et présent au nom d'un Dieu que vous dites dialectiquement aboli, quel est cet inimaginable délire ? Alors je n'ai même plus droit à mon expérience ? Vous frappez en théologiens de l'*a priori !* Mais je crie, je crie, la partie n'est pas égale ! Je dépeins votre foi sans la nier jamais, sauf quand vous la niez vous-mêmes, et vous niez la mienne quand je l'affirme ! Indivisible Inquisition dominicano-marxiste empruntant au capitalisme ses monopoles et la destruction des surplus ! Car vous n'en faites rien, du Dieu vivant absolu, et en refusez tout aux autres, même l'ombre !

Alors, mes Pères, j'implore votre pitié à genoux ! Laissez-Le-nous ! Laissez-Le-nous ! Vous n'en faites rien et Il nous sauve ! Vous Le tuez, nous en vivons ! Pitié, pitié ! Laissez-Le-nous, nous n'avons que Lui ! Vous, riches du monde, ne soyez pas mauvais riches ! Ne brûlez pas vos résidus et détritus pour n'en rien donner aux pauvres ! Est-ce chrétien ? Est-ce humain ? De grâce, laissez-nous vos miettes, vos poubelles ! Ne nous immolez pas à votre dernier avatar yahvique comme du bétail édomite ou philistin... Vous ne répondez pas ?... Vous ne me dites rien ? Vous avez le sourire implacable et froid de mes deux interlocuteurs d'octobre ?... J'ai compris... Vous ne pouvez pas me tolérer !... Je vous gêne !... Je suis de trop, pas vrai, crapules staliniennes !...

Oui, vous avez bien lu ! Crapules staliniennes ! Car je vais vous le dire, enfin, moi, pourquoi vous L'abolissez et L'accaparez à la fois ! C'est que vous avez besoin de son image de marque, et en exclusivité, pour être reconnus chefs des cohortes supplétives du marxisme ! Oui, en exclusivité ! Car s'Il n'est pas tout à vous — en dehors de quelques croûtons intégristes sans importance — vous ne les intéressez pas, les marxistes, ou bien moins! Vous baissez en importance et en grade! Qu'apportez-vous? Combien de divisions, le Pape?... Parbleu, comme c'était clair! Chez Marx, les places sont prises depuis cent ans! Si vous n'êtes pas chefs d'une force d'appoint — et solide! — vous n'êtes chefs de rien du tout! Finies les estrades! En cellules! En cellules de quartier! A la base, camarades! Alors qu'il y a tellement plus belle combine! Vous faire maintenir périphériques et honorés pour rallier peu à peu tous vos anciens frères! Comme ces animaux domestiques d'appât avec lesquels on capture les hôtes libres des bois!... Et vous me haïssez parce que, n'étant pas encore une vieille et inoffensive grenouille de bénitier, je vous en empêche! Ou du moins je risque de faire rater l'affaire!...

Mais non, je n'y crois pas!... C'est trop hideux!... Ou bien c'est vrai, mais vous l'ignorez vous-mêmes!... Vous ne le saviez pas, dans votre allée au monde, que vous deviez finir à la section opium du N.K.V.D.! Vous ne le saviez pas, mais maintenant, n'est-ce pas, vous le savez? J'aurai servi à cela? Il me le faut, car je ne fais plus de livres pour autre chose et celui-ci me tue, je peux vous le confier!... Vous ne le saviez pas, mais dites, vous le savez, que divisés naguère en vous-même entre Christ et Monde, vous êtes allés au Monde pour le naturer de Christ et insensiblement avez dénaturé Christ pour rester au Monde, pour y être non plus divisés mais *concentrés!*... Allez, je peux terminer par ce jeu de mots sinistre, puisque vous allez vous reprendre!... Vous allez en finir avec ce piège planétaire, un des pires de l'Histoire, avec cette équivoque doucereuse au départ et bientôt épouvantable, avec cette imposture au regard de laquelle les plus lugubres Jésuites du répertoire ne sont que de petits anges!... Et nous nous retrouverons en priant et pleurant de joie tous ensemble, jusqu'à ce que l'Esprit nous renvoie dans le monde, pour le révolutionner à Son compte, et à nos frais...

*

Sinon, si vous restez endurcis, intraitables, il me reste à réitérer ma prière, mais cette fois tout humaine, toute laïque, en faisant juges et arbitres tous les libres penseurs qui restent au monde, au nom de l'élémentaire honnêteté intellectuelle!... Soyez de bons marxistes et laissez-nous Jésus-Christ! Laissez-le où il est, où il fut! Abjurez-le, il ne vous va pas, il ne vous va plus! Ne trichez pas, ne le truquez pas! Connaissez-vous notre camarade en révolution M. Van Eighem, le grand situationniste, l'auteur de l'admirable *Traité du savoir-vivre à l'usage des générations futures?* Il appelle Jésus « *le crapaud de Nazareth* »! En quoi je souffre et l'admire : il va jusqu'au bout de sa libération à lui! Il est droit, il est intègre! Imitez Van Eighem ou taisez-vous sur le Christ, mes Pères! Tirez un trait final! Faites une Croix dessus!...

Non?... Alors prêtez-moi vos affreuses catégories pour mieux vous convaincre!... Cessez de racoler au nom de ce faux frère qui refusait de libérer son peuple de l'occupant, clamait que ses collecteurs d'impôts nous précédaient dans les cieux et en prenait un pour apôtre et évangéliste, se laissait arroser la tête et même les pieds de parfums hors de prix en pleine misère palestinienne, travaillait en dehors des heures syndicales, arbitrait en faveur de la fainéante mystique contre sa sœur la ménagère qu'elle exploitait, acceptait toutes les invitations à bouffer de tous les capitalistes et collabos — quand il ne s'invitait pas le premier, comme à Jéricho! — et par-dessus le tout se disait Dieu Lui-même alors qu'il ne l'était pas, ce qui en fait le pire imposteur de toute l'histoire humaine et frappe évidemment de nullité toutes ses paroles et doit le faire haïr d'autant plus que certaines sont objectivement positives et bonnes !

Quittez-le une bonne fois, ce crapaud-là, sans plus trier dans sa bave les filets apparemment progressistes ! Ne volez pas ce voleur ! N'usurpez pas cet usurpateur !... Ou alors, si vous n'y parvenez pas, mes Pères, si c'est au fond de vous, plus fort que vous, ce lien-là, creusez, fouillez, sondez, pénétrez ce Mystère par quoi vous ne pouvez rompre ! Vous y retrouverez tout ce que vous avez trahi... Et quant à ce pouvoir spirituel qui ne vous a pas quittés, lui, j'ai hâte qu'il absolve mes torts et mes outrances au nom du Père, du Fils et du Saint-Esprit...

***

Et permettez que je m'y prépare.

Une sorte de calme examen de conscience.

Qui êtes-vous, vous que je n'ai pas nommés ? Pourquoi ai-je accusé au long de tant de pages des êtres aussi vagues ? Voilà un petit livre écrit au vocatif et, si près de la fin, on ne sait pas encore à qui je m'adresse !...

Serait-ce que je ne veux pas me l'avouer?

Est-ce que je parle à quelques Révérends en délire, que je connais?... A la poignée de chrétiens-marxistes obsédés et confusionnels que je vois naître et grandir?... Ou à toute l'Église telle qu'elle est sortie du Concile?... Ou telle qu'elle y est entrée?...

Mais si c'était pareil?... Si tout était un seul mouvement?... On a vu quel hasard — celui d'une visite — m'a fait insérer tout à l'heure dans mon texte ces quelques phrases de vénérables Pères Conciliaires, très modérés, juste après les divagations dialectiques des théologiens de pointe où Dieu s'abolit à jamais dans l'Homme et la foi dans le militantisme marxiste. Je relis tout le passage. Il me suffit d'en inverser l'ordre dans ma pensée pour que la vérité m'éblouisse. C'est en effet un « *passage* », un développement naturel, sans déviation, sans excès, l'équivalent dynamique d'un syllogisme. Ceci était déjà dans cela. En effet, si l'on accorde à Sartre que « *le marxisme est l'horizon indépassable de notre culture* », nul ne s'étonnera que des éléments avancés d'une Église ayant épousé notre culture aient déjà atteint son « *indépassable horizon* » et y attendent le gros, qui doit suivre... Ils ont tiré les conséquences...

Ils ont raison. L'Église actuelle, à les blâmer,

serait déshonnête. Car je n'ai pas seulement accordé à Sartre, j'ai vérifié que le marxisme était cet indépassable horizon de notre culture. Et j'ai montré qu'il n'y avait plus aucun espoir, pour Dieu et pour l'Homme, que sa rupture et sa destruction, choses que j'ai déjà entrevues en Mai, que j'annonce encore. Rupture sous la poussée de l'Esprit. Or, l'Église ayant cru gagner par son Concile une culture indifférente et s'étant trouvée prise dans une culture ennemie, il apparaît que l'Église serait dans un camp et l'Esprit dans l'autre. Et qu'il faudrait délivrer l'Église...

Avant d'en venir là, précisons, récapitulons. Tout remonterait donc à quinze ans. Le Concile serait l'Exode : non Moïse, mais Juin 40 : la débâcle. Or, je n'ai pas suivi le Concile. La maladie presque mortelle dont je fus à la fois affligé et sauvé par le Seigneur coïncida exactement par les dates avec ces travaux ecclésiaux : ces cinq mêmes années... De loin, quand je n'étais pas trop hébété, lorsque j'avais la force d'ouvrir un périodique et de lire un article, j'avoue que ce Concile m'est apparu comme l'assemblée générale d'une firme réunie de toute urgence, devant la baisse brusque et catastrophique des ventes, en vue d'une vaste campagne promotionnelle. Mais je ne saurais faire état de cette impression distraite et plutôt hostile — encore que l'on ait parlé un peu partout, sur le moment même, je m'en ressouviens à présent, jusque dans le sein de l'Église, de son adaptation nécessaire à la société néo-capitaliste et à ses « *mutations* »... Je suis bien plus saisi, en revanche, par le bref récit qu'un ami m'apporte à l'instant : un jour, vers l'époque de la convocation du Concile, un jeune agrégé de philosophie, athée, communiste, complètement étranger à ces affaires, nota, après la simple lecture d'un journal, d'une voix neutre, indifférente, en présence de cet ami, mais comme ruminant en lui-même une évidence :

— Tiens, le Schisme...

et n'y pensa plus... C'était Foucault. Il ne faut pas négliger les intuitions, même passagères, de tels esprits, ni le privilège que confère une vue du dehors. Je ne m'en suis évidemment pas contenté. J'ai lu les travaux du Concile. Ma surprise est d'y voir que l'*aggiornamento,* l'allée au monde qui s'y étale tout au long, est coupée, beaucoup plus souvent que je n'aurais cru, d'abrupts et vigoureux rappels de notre dogme, sans concession aucune, et même de mises en garde explicites contre ce même monde où l'on va. Comment expliquer ce contraste? Le glissement aurait-il eu lieu ensuite? Les rappels dogmatiques sont-ils des tentatives de coups d'arrêt à un sourd et secret glissement déjà là?...

Je ne saurais présenter ici tous les textes, mais j'en puis donner un équivalent, une sorte d'élixir en complétant deux petites phrases déjà citées de nos vénérables Pères Conciliaires. A peine le premier a-t-il proclamé : « *Le problème, c'est l'homme* », qu'il ajoute aussitôt, comme précipitamment : « *Non pas un homme tenté de prendre la place de Dieu* »! Oui, mais voilà : cet *homme* se contiendra-t-il gracieusement pour déférer au *distinguo* du Révérend Père? Et ce dernier n'aurait-il pas rajouté ce *distinguo* pour la forme et pour le repos de sa conscience, parce qu'au fond il savait la tentation humaniste de diviniser l'homme, et qu'elle est invincible?... A peine le second Révérend a-t-il parlé de « *l'ouverture de l'Église aux lumières* », qu'il précise en toute hâte : « *ce qui ne veut pas dire au rationalisme* »! O que non, ô que non, papa! Même jeu, on voit. Et cela me rappelle une charmante histoire de famille : un jour, au plus fort de l'été, à midi — 35° à l'ombre — ma tante me demande d'aller au pas de course, par un chemin creux dans les vignes, poster une lettre urgente à deux kilomètres de là. « *Va*, dit-elle, *va vite!* » Et comme je m'élance : « *Surtout, ne transpire pas!* »

Et la même, irrépressible gourmande condamnée à un dur régime, devant un beau dessert de première communion : « *Ah, ces choux à la crème!... S'il n'y avait pas de crème!...* » La bonne répondait : « *Oui, mais il y a de la crème!* » Mais je ne saurais attribuer à tout un Concile les mêmes inconséquences qu'à ma tante... N'était-il pas « *majeur, adulte et responsable* », comme la foi peu inspirée qu'il recommande?... Il savait où il allait... Alors pourquoi ce rappel abrupt des dogmes?... *Ou bien il le savait et ne voulait pas le savoir!...* Oui, c'est le plus probable. Et dès lors ces deux types de discours contradictoires ne seraient pas du même niveau de conscience et ne joueraient pas le même rôle : les coups de boutoir du dogme seraient le complément et la contenance que se donne le profond et irrésistible esprit d'abandon! Exemple : que fait une femme vertueuse à qui vous proposez l'adultère? Elle vous glisse et vous file entre les doigts avec un sourire. Que fait la femme qui est venue pour vous céder? Elle vous dit sa vertu et ses refus avec véhémence. Et j'ajoute qu'il faut les lui laisser dire, tous ses refus. Il faut qu'en les disant elle s'en débarrasse. Il ne faut pas que sa vertu cède. Il faut qu'elle cède avec vertu...

On m'en cite même une qui céda *par* vertu, pour se ressourcer au mariage, dit-elle. Je crains à ce jargon qu'elle ne fût chrétienne. Une autre criait ses refus et sa vertu jusque dans l'étreinte et le spasme. Le mâle fut pris d'un fou rire méprisant et elle se suicida de honte. Je le rapporte parce que ce dénouement n'est pas à exclure, pour mon Église...

Mais j'ai déjà dit comme on capitule par courage!... Je ne visais donc pas l'Église Conciliaire dans ce livre : elle y était visée avant que je ne le sache moi-même. C'est ainsi. Et je dois continuer d'autant plus froidement que je suis troublé. A qui se serait rendue l'Église? Entre les mains de qui aurait-elle capitulé? Là aussi, mes formules étaient vagues. J'ai dit l'air du temps, l'esprit du siècle, le vent de ce monde. Et certes j'ai droit à ce vague, n'étant ni métaphysicien ni homme de Science, mais quelque chose comme un journaliste transcendantal : j'émets des intuitions sur ce que nous vivons et les estime assez près du vrai quand mes contemporains s'y reconnaissent. C'est modeste, c'est mince, mais le reste est Système. Or je me demande à présent si je n'ai pas écrit : l'air du temps, l'esprit du siècle, le vent de ce monde, pour dire — ou bien plutôt pour ne pas dire — le Prince de ce Monde, qui est air, qui est esprit, qui est vent...

J'ai peur et je dois poursuivre. Quelles furent, quelles durent être les clauses du Pacte entre l'inconscient de l'Église Conciliaire et l'hyper-conscience du Prince ? C'est une capitulation apparemment honorable, presque avantageuse pour l'Église. Elle cesse de lui disputer le monde contemporain, elle le lui abandonne, elle l'y reconnaît maître. Lui, alors qu'il pouvait l'en faire totalement disparaître — dit-il — il lui accorde un droit de cité honoraire et même un certain statut d' « *utilité publique* ». Ainsi à la télé, à la radio, dans la presse, il concède une place inespérée naguère au « *discours de la religion* ». Il a failli exiger que ce discours se vide peu à peu de substance, et notamment évacue la divinité de Dieu par étapes, comme Israël le Sinaï. Mais il s'est avisé que cela viendrait de soi-même et n'a pas stipulé cette condition. Il a eu raison... Tout au plus les deux partenaires ont-ils prévu une série de « *dialogues* » ultérieurs, pour « *un enrichissement réciproque* ».

En fait, comme on l'a déjà deviné, c'est pour le Prince un triomphe inespéré, incroyable ! A la minute même où la forteresse s'est rendue, lui, l'assiégeant, il était perdu! Du moins il était à bout de course, à bout de troupes, à bout de ressources! L'*homme,* son homme, celui qu'il avait suscité, recruté, encouragé depuis deux cents ans contre Dieu, n'en pouvait plus! Il se mourait! Une sortie offensive des assiégés n'aurait rencontré personne en face! Ou des débris! C'est alors que le Prince a tonitrué au maximum ses menaces d'attaque générale, d'assaut final, et contre toute attente, contre sa propre attente, il a emporté la reddition! Il rit encore aux larmes lorsqu'il conceptualise et comptabilise à part soi cette opération, qu'il n'eût pas osé rêver! Très précisément, la voici : *puisque l'homme ayant cru abolir le Dieu des chrétiens n'a pas réussi à vivre, charger les chrétiens eux-mêmes de ressusciter un homme en qui lentement Dieu s'abolit!* Cette guerre de Deux Cents Ans qu'il allait perdre contre leur Dieu et contre eux, au tout dernier instant, la regagner, par eux! C'était fou et c'est réussi! Le plus stupéfiant coup de poker de ce monde depuis la création du monde!... Peut-être, dans l'histoire humaine récente, Munich lui serait-il comparable. Les blindés du Führer ne marchaient pas encore, son peuple en avait assez, ses généraux s'apprêtaient à l'assassiner. Il pousse alors un aboiement désespéré, et soudain... crac, contre toute chance, l'adversaire s'effondre, cède tout, et du coup par-dessus le marché, ce gigantesque marché de dupe, lui rend ses généraux, son peuple, et le temps de parfaire ses blindés ! Il paraît qu'il hurlait de rire sous cape en signant le protocole. Bluff insensé d'un côté, irrépressible esprit d'abandon de l'autre...

Mais à la différence du Prince de ce Monde entourloupettant nos pauvres Pères, le Führer n'utilisa pas longtemps ses adversaires. Bientôt ils se ressaisirent, à l'appel de quelques hommes qui dirent : « *Non* »... Et ils gagnèrent la guerre...

« *Non* »... Petit mot, j'y songe, qui n'a jamais eu besoin de traduction psycho-socio-culturelle...

*

Cette thèse, à laquelle on opposera sans doute beaucoup plus de moines que de raisons, pourquoi dissimuler qu'elle m'effraie moi-même ?... Que vais-je devenir ?... Qu'on me fasse pourtant l'honneur de croire que les précisions qui suivent ne sont point des atténuations ni des reculades.

D'abord ma théorie a valeur d'hypothèse, unifiante et éclairante si possible. Le lecteur qui n'est ni dominicain de choc ni jésuite de pointe me dira si, à sa lecture, il comprend mieux le présent, si tout lui paraît plus simple. Je crains que oui, autant et plus que je ne l'espère... Et quand à l'entrée en scène du Prince de ce Monde, elle doit être accompagnée de trois pensées, qui tiennent en des formules célèbres. D'abord, il est infiniment sympathique, par essence. Sinon, comment pourrait-il séduire? « *Je vais, je viens, je glisse et plonge dans les délices d'un cœur pur* » écrit Valéry dans l'*Esquisse d'un serpent.* Il est même beaucoup plus spirituel que sa victime... En second lieu, « *sa principale ruse est de nous persuader qu'il n'existe pas* », écrit Bernanos, ou Chesterton. L'Église ne savait donc pas au juste à qui elle avait affaire... Enfin on connaît le mot de Gide à cinquante ans : « *J'ignore s'il existe. Mais s'il existe toute ma vie s'éclaire.* » Je n'affirme pas plus que Gide. Mettons que j'aie imaginé une fable explicative, un petit mythe, bien indigne de Platon...

De même il va de soi que n'ayant rien vécu de l'Église d'avant le Concile, pour la simple raison que je n'étais pas chrétien, je n'en saurais parler, à moins de m'en faire l'historien. Le plus haut dignitaire actuel de l'Épiscopat nous assure que si l'Église s'était maintenue telle quelle, le désastre serait encore plus vaste aujourd'hui. Soit. Mais outre que ce propos n'est pas très exactement un chant de victoire, outre que l'on peut invoquer cet argument contre n'importe quel esprit de résistance — « *si on n'avait pas fléchi, tout serait emporté* » — je répondrai surtout que je n'ai pas les moyens intellectuels de penser au conditionnel. Tout au plus il me semble que les tares de la vieille Église, très graves — entre autres l'obédience à César et l'écrasant mépris du pauvre — lui ont ôté jusqu'à l'idée de chercher ses remèdes en elle-même, au fond d'elle-même, ne lui laissant pour Réforme que des réformes — toutes bonnes : on a bien amélioré l'ordinaire et la qualité de la vie de l'équipage depuis que le bateau sombre — et la fuite hors de soi évangéliquement déguisée en présence aux autres. Mais je ne suis pas là pour gémir du passé. Certes, quand le cléricalisme de droite se maintient ou se ranime, je l'attaque avec la dernière violence : ainsi j'ai récemment traité de canaille un cardinal qui, au nom de la salutaire interdiction spirituelle faite aux chrétiens de l'avortement, tentait de le faire interdire législativement aux athées, et je recommencerai tant qu'il faudra...

Mais je ne grossirai pas ces menaces pour me tailler des succès faciles. *La Grande Peur des bien-pensants* est déjà écrite. Elle le fut dans le risque, et ne demandait plus qu'à être étendue à l'autre camp : je l'ai fait ici, avec des moyens infiniment inférieurs à ceux de mon maître...

Enfin je ne suis pas davantage capable de penser à l'optatif antérieur. Je ne puis dire ce qu'aurait dû faire l'Église à l'époque du Concile et à la place d'icelui, Dieu seul le sait. Certes j'aurais voulu chez elle un « *non* » absolu et total à toute société moderne — capitalisme et socialisme refusés en leur racine commune — attitude qui aurait préparé Mai 68 et attendu la jeunesse. C'est ce refus que demandait déjà Bernanos dans son ouvrage posthume sur « *La vocation spirituelle de la France* », ouvrage que j'ai lu, par bonheur, après avoir écrit le plus gros de celui-ci, car il m'en eût dissuadé : tout ce que je puis apporter s'y trouve... Mais je suis un homme de repentir qui n'admet pas le regret... Mon champ est étroit. C'est l'instant vécu, guère plus.

Tout ce que je puis dire aujourd'hui de mon Église avec certitude, c'est qu'après tant d'années de dissipation et de débandade, elle a le plus grand besoin d'une immense retraite spirituelle. Oui, d'un silence plein après tant de bruits inanes, d'un désert prophétique après tant de propos désertiques. Il le lui faut, dût-elle disparaître quelques années de tous nos tréteaux, ce qui ne serait une perte intellectuelle pour personne. Il lui faut découvrir ou redécouvrir, entre autres — ou bien plutôt se faire à nouveau révéler — qui elle est, ce qu'elle est, où elle est : non pas sa place dans la société, mais dans l'Être. Car son plus grand malheur est sans doute aujourd'hui qu'ayant pris au monde, à notre culture athée, ses idées — ou plutôt des lambeaux et des bribes, sans cesse recousus, ravaudés, rapiécés, pour les besoins perpétuellement variables de sa contenance ou de son image, comme un nuage prend la vapeur d'eau qui le change au hasard des rivières et des flaques où il se reflète — elle n'a plus de quoi se penser elle-même. Et c'est la catastrophe de loin la plus concrète : tous les prêtres perdus, c'est qu'ils ne pouvaient plus penser leur état. Tous les fidèles en allés de nos églises de pierre, c'est qu'ils ne pouvaient plus savoir ce qu'ils faisaient là...

*

Et justement, quoiqu'il soit impie et contradictoire d'anticiper sur les fruits de cette nécessaire retraite spirituelle, quoique j'ignore si ce livre qui s'achève est une protestation de la pensée ou un cri de la foi, je puis dire où tout se jouera une fois de plus et plus que jamais : *sur Dieu et l'homme.* Et précisément ainsi : pour Marx l'homme fait Dieu — projection, fantasme dont la dissipation le délivre et le constitue enfin en *Homme :* l'homme fait Dieu dans ou par son aliénation historique ou préhistorique. Pour le christianisme au contraire, Dieu fait l'Homme. C'est absolument inconciliable. Et pour ma modeste part j'ai encore aggravé cette incompatibilité en montrant que Dieu, non content de créer originellement l'Homme, le re-crée par-delà le Péché, par le Christ, dans un acte absolu, au surplus instaurateur de son histoire où il peut « réaliser » sa re-création, ou la perdre encore.

Il faut choisir, nous n'y pouvons échapper. Tout compromis entre les deux tue Dieu encore plus que sa négation. Si Dieu ne recrée pas l'homme en Homme, si Dieu se révèle à un Homme déjà tel quel, qui donc n'a plus besoin de Dieu pour être et devenir Homme, alors, là, plus de Dieu, plus rien que l'homme — et bientôt plus d'homme non plus, rappelons-le... Dieu n'est que s'Il me fait être et renaître, déjà à l'œuvre dans le choix que j'en crois faire, assez constitutif et présent au cœur de moi-même pour que je me nie en Le niant, assez révélateur et libérateur de mon être pour que je m'enténèbre et m'aliène en m'en séparant. La foi consiste à assister — aux deux sens du verbe — à sa propre création. On ne peut devoir à Dieu que tout soi-même, y compris sa liberté. Mais en revanche — et pour ainsi dire par réciproque — *si une part de moi qui n'est pas le Péché peut exister sans Dieu, c'est à bon droit qu'elle débarrassera de Lui le reste !*

Voilà l'enjeu. Voilà la partie décisive. Franchement, je croyais que dans mon dernier ouvrage, ma déduction historico-transcendantale de la Révélation Judéo-Chrétienne comme condition d'être de l'homme qui l'affirme et de l'homme qui la nie, le coup d'arrêt à l'*homme* par la question « *Qui t'a fait homme?* », était une lubie personnelle, ou du moins un apport latéral très modeste à une Apologétique contemporaine. Il me semble à présent, hélas, que c'était le cœur de tout. Et que j'en suis comptable...

Oui, c'est cela qu'il faut à tout prix tenir et gagner : c'est le Christ et c'est le chrétien qui font l'Homme. Hors de cela peuvent exister au monde toutes beautés culturelles, mais qui ne peuvent pas se réclamer de l'Homme, être à la fois singulier et universel, et d'ailleurs ne s'en réclament pas, c'est un fait. C'est le chrétien qui fait l'homme. Lors donc que le vénérable Père Conciliaire, dans les petites phrases significatives que j'ai déjà citées, écrit : « *C'est l'homme qui fait le chrétien* », il perd tout d'un seul coup. Tout est perdu pour nous et ne sera jamais regagné, à moins d'inverser radicalement les termes et donc l'attitude du bon Père. S'il y a l'Homme, s'il est là, déjà là, tout fait, tel quel, et que le Christ se présente devant lui comme une matière à option, dans un éventail de religions et de philosophies à la carte, l'homme lui dira non *et il aura raison!* Moi-même je n'en veux pas! Moi-même, dans ce cas, je choisis l'homme et refuse Dieu! Pourquoi? Parbleu, parce qu'alors c'est *du dehors* qu'il m'impose des dogmes, des lois, comme disent Kant et Sartre, des « *tabous* », comme disent les imbéciles, et je m'en solidarise! Si je suis libre sans Lui, pourquoi m'aliéner à Lui? Si je ne Lui dois pas ma liberté même, ou ma délivrance, s'Il n'est pas plus moi que moi-même qu'Il aille au diable! Le Révérend Père Conciliaire a malencontreusement fait que Sartre et inexpiablement fait que les imbéciles aient raison! Le Révérend Père Conciliaire nous accule tous à l'athéisme, que dis-je, au refus de Dieu s'il existe, au nom de la dignité métaphysique et morale de l'homme incluse dans la suffisance existentielle qu'il lui accorde avec une étourderie bien étrange pour son âge ! Il a vraiment bel air, lui qui parle aujourd'hui de « *fruits plutôt amers* » de son Concile, après avoir coupé l'arbre !...

Tout est là et tout vient de là. Il y va de tout. C'est le Christ qui fait l'homme et l'Église qui a en charge l'Humanité. Sinon « *buvons, mangeons, forniquons* », libérons-nous en perpétuelles partouzes ! Et si vous répondez que nous sommes, chrétiens, trop peu de centaines de millions, je vous répliquerai que c'était déjà vrai quand nous étions douze...

Oui, je dois revenir encore là-dessus ! Il me faut encore une dernière plongée, profonde et limpide si possible, où mes frères séduits me suivent mieux encore, et une fois pour toutes me donnent gain de cause, sur cette question de l'Homme. Il faut qu'ils me comprennent autant que je les comprends. Car je les comprends, moi : *si nous sommes des hommes, existant par eux-mêmes, librement rassemblés autour d'un certain Jésus, avec une existence, une humanité, une liberté qui ne lui devraient rien au préalable, avec une humanité jugeante et la liberté d'un choix révocable, alors il n'y aura jamais ni Dieu ni Église, et cela ne tiendra que par un mélange d'idéologie et de fétichisme, c'est-à-dire d'aliénation, à dissiper par la Science !...*

Pas vrai ?

Recommençons donc ensemble !

***

Il fait nuit. Il fait froid. Je monte, à bout de souffle, un sentier dans les bois, vers une chapelle, dans l'espoir d'y trouver la petite lumière de l'ermite qui dit sa messe à sept heures. Hier encore il n'était pas là. J'ai peu de chances... Je frissonne. Mon fils, âgé de huit ans, est avec moi. Je viens d'écrire les dix pages qui précèdent sur le Concile et le Prince de ce Monde. Il ne faut pas me mentir : cette hypothèse tardivement apparue dans cet ouvrage en est la clé. Elle m'est venue dans une lumière qui me déchire... Il ne faut pas à mon tour me raconter des histoires, alléguer que je n'ai visé que l'inconscient de l'Église Conciliaire... C'est vrai. Mais combien peu d'hommes se perdent avec une conscience claire ! J'ai fait naguère tout un roman pour le dire : nos abandons majeurs au « *Prince de ce Monde* » — ce devait être le titre — se passent dans la zone la plus profonde du cœur et par glissements imperceptibles... Je ne serai pas un lâche. Je l'ai trop été dans ma vie. Je ne renierai pas, je n'atténuerai pas ce que je viens d'écrire. Je ne chercherai pas « *à quel moment on a dévié* » du Concile. J'ai assez fustigé ceux qui cherchent « *à quel moment on a dévié* » de Marx pour ne pas imiter leur pensée de paresse et de rassurance criminelle...

Et l'Église est ma mère. Celle qui m'a rendu la vie. Elle est, que nous le voulions ou non, notre mère. C'est cela que je vais écrire au retour de cette chapelle pour achever cet ouvrage dans un dernier grand chapitre méditatif.

Il fait noir. Il me semble que j'arrêterai là. Que je n'achèverai pas, que je ne publierai pas cet ouvrage... J'ai froid... Je vérifie que mon fils est bien couvert, mais il n'a pas froid. J'ai peur. Je suis très faible. J'avoue qu'il me faut une messe dans cette chapelle confidentielle à mi-coteau. Vézelay est trop haut. Je suis trop fatigué. Je n'ai ni cœur ni reins. Et puis il y a là-haut toute une bande de jeunes chrétiens radieux, qui me demanderaient ce que j'ai. Je ne veux parler à personne... Je ne puis me cacher que chaque fois que j'abandonnais ce livre — cela m'est arrivé à cinq ou six reprises

— une sorte d'épée s'enfonçait lentement entre deux de mes vertèbres et ne se retirait que quand je m'y remettais. Ce livre m'a disloqué. Mais qu'est-ce que cela veut dire? Aussi bien que je me violentais pour l'écrire... Je ne sais plus... Et des considérations bien humaines m'assaillent... Tout mes amis vont me quitter... Je vais tout perdre...

J'ai du mal à marcher. Je ne savais pas la pente si raide. Je m'arrête. Je repars. Cette chapelle à mi-chemin de Vézelay est ma seule chance. La lampe de mon fils joue sur la cime des arbres battue de brusques rafales. Il me dit — la formule est étrange pour son âge — : « *Ce vent a quelque chose de brutal, tu ne trouves pas?* » Je réponds : « *Si* »... Je prends sa main. Il me tire un peu sur la pente. Il est en train. Je ne vais pas à cette messe par pratique, ni pour chercher un signe... Les signes sont si incertains...

Mais bientôt je ressens comme un soulagement de tout l'être et je crois savoir presque aussitôt d'où il vient : j'ai abandonné. Le livre était injuste, immodeste. C'est fait... je pousse un ou deux cailloux du pied. Je prends la lampe et je fais des arabesques dans les branchages. Je m'amuse avec mon enfant. Je suis soulagé. Si l'ermite est rentré de voyage, s'il dit la messe, j'y prendrai part. Mais je n'en ai plus si désespérément besoin. J'irai plutôt rendre grâces pour cette inspiration d'humble sagesse, qui me rend déjà le pas si facile...

A moins que ce ne soit l'esprit d'abandon qui m'ait allégé?... La chapelle est noire, vide... Mon fils me propose d'attendre, mais je lui dis que ces pierres sont trop glaciales, et nous redescendons, le long d'un petit mur. Une porte, que je n'avais jamais remarquée, bat et grince sous la bourrasque. Mon fils, curieux, la pousse. Nous nous trouvons dans le jardinet de l'ermitage. Il reste quelques fleurs de novembre qui se balancent au vent, entre des buissons qui s'y râpent. Lorsque je veux repartir, mon fils, qui s'est avancé plus loin, me signale une petite lumière qui semble venir de terre...

L'ermite était rentré... Il célébrait sa messe, les soirs d'hiver, dans une minuscule cave, baptisée crypte. Il me l'avait bien dit, mais je l'avais oublié... J'entrai. Je descendis quelques marches, baissant un peu la tête sous cette voûte archaïque, à peine agrémentée d'une arcade romane. Un bloc de bois servait d'autel... Nous fûmes trois, lui, moi, cet enfant, loin de tout, dans le bruit de vent du monde...

Le prêtre, avant de préluder au Sacrifice, me tendit son lectionnaire de semaine en me priant de lire l'Épître. Cela m'angoisse toujours. Quand je ne suis pas seul fidèle, je refuse. Mais j'étais seul adulte... Je jetai un coup d'œil rapide sur le texte, dans la pénombre : un récit politique tiré de la Bible, exactement du Livre des Martyrs d'Israël. Si je voulais un signe, c'était manqué. Au reste ma décision de renoncement était prise...

L'office commença tout de suite. Mon fils et moi nous récitâmes ensemble les premiers répons, ma main sur son épaule, pour le remercier d'être là... Ses joues étaient joliment roses de froid. Depuis que nous vivions là, je le voyais bien davantage. Je le verrai encore plus ces prochains mois, n'ayant plus d'œuvre en cours... Une bouffée de joie...

Mais bientôt je le quittai pour m'avancer vers l'unique lampe, debout, et je lus ceci, dont j'avoue que je crus défaillir à mesure...

LECTURE DU LIVRE DES MARTYRS D'ISRAEL

1, 10-15, 41-43, 54-57 ; 62-64.

Parmi les rois qui se partagèrent la succession
d'Alexandre,
surgit une racine de péché : Antiochus Epiphane,
fils du roi Antiochus le Grand.

Cet Antiochus Epiphane, qui avait été otage à Rome,
devint roi l'année 137 de la royauté des Grecs.
En ces jours-là surgirent d'Israël des fils d'iniquité
qui séduisirent beaucoup de gens, car ils disaient :
" Allons, faisons alliance
avec les nations païennes qui nous entourent,
car, depuis que nous nous en sommes séparés,
beaucoup de malheurs sont tombés sur nous. "
Ce langage sembla judicieux...
Certains membres du peuple s'empressèrent d'aller trouver le roi,
et celui-ci leur donna la permission
d'adopter les mœurs des païens.
Ils construisirent donc un gymnase à Jérusalem,
selon la coutume païenne,
ils effacèrent les traces de leur circoncision,
s'éloignèrent de l'Alliance sainte,
se mirent sous le même joug que les païens
et se vendirent pour faire le mal.
Le roi Antiochus prescrivit à tout son royaume
de ne plus faire qu'un seul peuple
et d'abandonner leurs coutumes particulières.
Toutes les nations païennes
acceptèrent de se conformer à l'ordre du roi ;
en Israël beaucoup furent favorables à son culte,
offrirent des sacrifices aux idoles
et violèrent le sabbat.

En 145, le 15 du mois de Kisleu,
ils construisirent l'Abomination de la Désolation
sur l'autel des sacrifices,
et ils construisirent des sanctuaires païens
dans les villes de Juda autour de Jérusalem.
Ils faisaient brûler de l'encens
aux portes des maisons et sur les places.
Tous les livres de la Loi qu'on pouvait découvrir
étaient jetés au feu après avoir été déchirés.
Et si l'on découvrait chez quelqu'un
un exemplaire de l'Alliance,
si quelqu'un était favorable à la Loi,
sur l'ordre du roi il était mis à mort.
Mais beaucoup d'Israélites résistèrent
et eurent la force de ne rien manger d'impur ;
ils préférèrent mourir plutôt que d'être souillés par des aliments
et de violer l'Alliance sainte,
si bien qu'ils moururent.
Une terrible colère se déchaîna contre Israël.

Et voici quels étaient le psaume et son répons, que je lus ensuite :

Fais-moi vivre, Seigneur,
Que je garde ta foi.
psaume 118 (119) 53.61, 134.150, 155.158.

La fureur me prend devant les infidèles
qui délaissent ta loi.
Les filets des impies m'environnent
sans que j'oublie ta loi.

Libère-moi de toute tyrannie,
que j'observe tes préceptes.
Ils s'approchent, ceux qui me veulent du mal,
ils s'éloignent de ta loi.

Le salut s'éloigne des impies
qui ne cherchent pas tes volontés,
et n'observent pas tes paroles.
J'ai vu les renégats et je suis écœuré.

*

Il fallait donc y aller, comme le soldat quelconque...

Après l'Eucharistie l'ermite vint me trouver, toujours sur mon petit banc, adossé aux pierres saillantes du mur, inerte. Je voulais rester là, ainsi, longtemps, sous le coup, sans parler à personne. Mais de peur qu'il ne me renvoie tout de suite, je lui dis tout. Il en convint. Son sourire me fit du bien. Il me donna même à remarquer, dans les paroles des « *hommes d'iniquité* », cet « *Allons!* » initial, ce même entrain dans l'abandon qui me frappe tant aujourd'hui, et ce mouvement lent, naturel, aussi implacable que certains rêves, cet engrenage de collaboration culturelle qui commence bien doucement et inoffensivement par un gymnase... et puis... et puis... et puis... goulag à l'arrivée...

Quand je lui demandai de localiser cette histoire dans la Bible, il me dit que c'était juste avant Judas Macchabée, le résistant, le combattant, le libérateur, que cette situation suscita...

Mon fils rit à ce nom, comme nous avons tous fait à son âge, et en redescendant me demanda qui c'était. J'eus recours à une allitération facile :

— *Macchabée, c'est l'inventeur des maquis,* lui dis-je.

A cette plaisanterie, certes, je sentis à nouveau fourmiller en moi un peu de jeunesse. Mais j'étais déjà vieux, et beaucoup trop indigne, pour quelque 18 Juin spirituel dans l'Église... Quelqu'un viendra, me dis-je, d'autres viendront...

Tout au plus, avant d'arriver à la maison, en vue de la première lumière du village, je réservai la suite de mes pensées à un post-scriptum : en cet instant, plus de philosophie qui tienne...

Ce livre devait s'achever après la lecture de cette Épître, la main de cet enfant dans la mienne...

II

POST-SCRIPTUM

« ET POUR VOUS, QUI SUIS-JE? »

J'ai dit la raison pour laquelle je reportais en un Post-Scriptum la longue et décisive méditation annoncée sur Dieu, l'Homme, l'Église, les Prêtres et la Révolution Culturelle.

Deux autres raisons viennent confirmer la première.

D'abord je dois reprendre certains thèmes de mon dernier livre, plus clairs certes, et améliorés si possible, mais ce serait manquer de respect au lecteur que de me répéter, si peu que ce soit, dans le corps même de cet ouvrage.

D'autre part, quel que soit mon effort de clarté, il y aura peut-être, pour le lecteur non averti, de légères difficultés dans ce qui va suivre. Au bout de quelques pages, en effet, ma démarche est embarrassée, comme une avance en terrain vierge, en forêt vierge... Ce qui précède étant selon moi très limpide, raison de plus pour séparer les deux parties.

« *Qu'est-ce que l'homme?* » Foucault, dans *les Mots et les Choses* montre que la question est récente en Occident — à quoi j'ajouterai qu'elle est purement occidentale... Il dit même : « *C'est à ce moment-là, vers la fin du XVIII*e *siècle que cette étrange figure, l'homme, entre dans le champ du savoir.* » Découverte étonnante, découverte étonnée, comme les grandes découvertes philosophiques. L'homme surgit, selon lui, à la faveur de la fracture de notre sol culturel qui se produit alors. Cette affirmation des *Mots et les Choses* fit scandale. « *Quoi! disait-on, l'homme ne s'est jamais étudié, jamais posé comme sujet ou objet? Il ne s'est jamais interrogé sur lui-même?* » Non, répondait Foucault, et pour une raison très simple : l'homme restait dans l'ombre et comme en retrait de sa propre Science parce qu'il savait déjà ou croyait savoir tout de lui-même par la révélation chrétienne. Il ne s'interrogeait pas puisque tout allait de soi, grâce à Dieu.

On connaît la suite et fin des *Mots et les Choses*. Cette question laïque, brusquement apparue, est, dès l'origine et par son origine, insoluble, car « *elle opère en sous-main la confusion de l'empirique et du transcendantal, dont Kant avait pourtant montré le partage* ». Et Foucault établit qu'après un siècle et demi de retournements et contorsions en tous sens la question aboutit, de l'aveu même du questionneur, à nier l'existence de son sujet même, l'homme, ou à reconnaître son inexistence... Telle est la Mort de l'Homme, de l'homme qui s'avère, au plus, au mieux, sous l'œil de la science structurale, traversé et « *transi* » par les lois de son Langage, de son Désir, de sa Mort, ou plutôt *du* Langage, *du* Désir, *de la* Mort.

Mais ne faut-il pas aller plus loin? Si l'homme n'est plus sujet, reste-t-il seulement encore un objet, au sens d'objet connaissable? Ici, un dilemme : la confusion constitutive de la question « *Qu'est-ce que l'homme?* » entraînait-elle seulement à l'arrivée la négation de l'homme-sujet en son être? Ou bien impliquait-elle dès le départ l'impossibilité absolue de se connaître, sujet ou objet, existant ou non, quel qu'il fût, ou plutôt quel qu'il se prétendît? En ce dernier cas l'Anthropologie structurale se trouverait elle aussi extirpée, son champ détruit. Et ce dernier cas est le vrai, si l'on songe que Désir, Loi et Mort sont le type même de Transcendantaux-Empiriques confusionnels ! La plus forte doctrine psychanalytique de ce siècle sans Dieu n'en est-elle pas au « *Grand Autre* »*?... Foucault n'a jamais cessé d'hésiter dans ce dilemme. Un jour il m'écrivit pour m'accorder qu'il aurait dû aller jusque-là et déraciner le champ structural lui-même.

Mais alors, où est l'homme? Qu'a-t-il jamais pu dire et savoir de vrai sur lui-même? Pourquoi est-il apparu, en quelque sorte, pour rien? Pourquoi s'est-il fait fondamentalement illusion dans la position d'existence et l'appel questionneur de son apparition même?

A cela il n'y a que deux réponses possibles. Ou l'homme ne fut jamais — et n'est rien — qu'une espèce, et dans ce cas pas d'Anthropologie possible : de la biologie seulement. Matérialisme scientiste à quoi se refuse, bizarrement

* Il est même effrayant de songer que sa théorie du Langage et d'Autrui, de l'inconscient plein, du conscient inane, dérive d'un mélange de beaux fragments de Hegel et de Heidegger, cependant que les résultats scientifiques de sa pratique sont évidemment, pour nous, dans leur rapport à leur matière, invérifiables. D'où mes modestes et obscures recherches d'ontologie critique et génétique...

peut-être, toute la pensée contemporaine qui compte... *Ou bien — il ne nous reste plus que cette réponse pour tout expliquer, y compris les contradictions contemporaines — la Révélation que Dieu fit à l'Homme de lui-même était véritable et réelle, créatrice ou recréatrice de son être, et dès lors le surgissement de la question laïque de l'homme sur lui-même était le commencement, l'amorce, l'initiative d'une Dé-Révélation et donc d'une autodestruction et d'un suicide, à quoi nous assistons. Tout devient clair et l'on n'y peut échapper.*

*

C'est donc un au revoir qu'il faut adresser à Michel Foucault, en soulignant cette faiblesse intime des *Mots et les Choses* — peut-être compensation et rançon de leur génie...

Pas un instant Foucault ne pose, à propos de la Révélation chrétienne, la question : « *Si c'était cela? Si c'était vrai?* » Premier refus dogmatique, méprisant et léger comme un revers de main chassant un insecte. Je veux bien. Mais cet « *homme sachant tout de lui-même par Dieu* », s'il est ainsi exclu par décret de l'histoire épistémique de l'Occident, ne devait-il pas être étudié dans une préhistoire, indispensable à la compréhension de l'histoire proprement dite? Et cette préhistoire n'aurait-elle pas été difficile? Car enfin cet homme qui croyait savoir tout de lui-même par Dieu n'implique certes pas l'existence de Dieu — va pour l'illusion, le fantasme! — mais suppose un certain mode d'existence de l'homme. Lequel?

Homme en soi? Tout fait? Alors il est doué d'une nature ou essence, ce qui : 1. annulerait son historicité ou sa généticité, continue ou discontinue, autrement dit toute la philosophie moderne et Foucault lui-même; 2. devrait lui rendre facile la connaissance de cette nature propre et rend invraisemblable qu'il ne l'ait point même tentée hors de Dieu : tous les penseurs n'ont pas toujours été religieux.

Ou bien cet homme aurait été un homme inabouti, inconscient de soi et incapable de se questionner, parce qu'aliéné par le fantasme divin. Alors Foucault ne se distinguerait guère de Feuerbach, de Marx et de ces autres généalogistes ou réducteurs qu'il traite assez ouvertement d'imbéciles. Enfin, je l'ai déjà dit, « *l'homme de l'Ère Classique était-il si bête que de recevoir un enseignement de pensée, tout fait, sans plus y penser, et ce à l'heure même du Doute Méthodique et des premiers grands athées* ». Descartes n'a-t-il jamais « pensé »? Pascal a-t-il parlé de l'homme en « aliéné »?

Mais accordons l'essentiel à Michel Foucault, savoir que cet homme religieux n'entre pas dans son propos. Reconnaissons-lui le droit absolu de découper son champ de recherche, de faire une archéologie toute laïque et profane de l'épistémé occidentale. Mais en ce cas il n'aurait jamais dû faire la moindre mention de Dieu, par exemple, ni dans son étude de la Renaissance ni de l'Ère Classique — alors qu'il le fait sans cesse! Heidegger est beaucoup plus fort et cohérent, qui rejette en bloc toute la philosophie occidentale comme contaminée de religion chrétienne — du moins jusqu'à Kant, qui selon lui nous en délivre — et à ce titre ne daigne pas l'étudier. Mais que penser au contraire de la démarche foucaldienne qui se jette sur un terrain contaminé sans isoler ni examiner ni éliminer le microbe? Et si Foucault se défend de ce reproche en alléguant qu'une étude structurale n'a pas le droit de Critique, il détruit par là même la part impérissable de son ouvrage, la critique du doublet empirico-transcendantal et de ses suites, savoir « *le sommeil nouveau où la philosophie s'est endormie* ». Lors l'ouvrage serait à rejeter en entier, par défaut de critique de Dieu en l'homme au départ, par excès de critique de l'homme sans Dieu à l'arrivée — sans compter que les structuralistes peuvent se plaindre à bon droit de la qualité du terrain épistémologique et les philosophes critiques du statut incertain de cette épistémologie même, tel qu'il est avoué dans la préface, qui remet les fondements à un lendemain non encore advenu aujourd'hui.

L'ouvrage est pour le moins mixte. Et peut-être Foucault, qui retourne de plus en plus à l'étude structurale, se repent-il en secret de sa percée de génie critique, très isolée dans l'ensemble de son œuvre et qui de plus me semble l'acculer à un choix décisif et absolu, qu'il ne peut ou ne veut pas faire, entre une libération par Dieu assez proche de la mienne et une libération des « *machines désirantes* » où il achèverait de rejoindre Deleuze. C'est à ce point de vue profond que j'ai pu dire que dans ses autres ouvrages, si grands fussent-ils, il « *s'occupait* ».

Il me pardonnera toutefois, je l'espère, d'avoir considéré que cette percée critique des *Mots et les Choses* était l'apport majeur et immortel de son œuvre, et de l'avoir modestement étendue, par nécessité interne, à la Critique de la Révélation Chrétienne de l'homme — laquelle s'est avérée à mes yeux fondatrice et confirmatrice.

Et que le lecteur sache, en tout cas — quelle qu'en soit pour lui l'importance — que nos recherches sur l'homme et Dieu, qui vont être considérablement simplifiées par ce qui précède, se trouvent être aujourd'hui, paradoxalement, à l'avant-garde de la pensée, ou plutôt solitaires et premières en date dans un grand vide...

*

C'est un fait que cet homme laïque s'est apparu, il y a environ deux siècles, avec claire conscience et possession apparente de lui-même, en son universel et son singulier absolu. Et s'il a pu s'inquiéter aussitôt de se connaître, il n'a nullement douté de son être. Il eut — et beaucoup d'entre nous ont encore — une tendance invincible à penser qu'il va de soi, qu'il existe en soi, par nature, que nous sommes nés tels, comme le disent Jean-Jacques et la Déclaration des Droits de l'Homme, singuliers, universels, égaux et libres. Mais est-ce vrai? Cet homme, sûr de soi il y a quelque deux siècles, cet homme que l'on nie et qui se nie lui-même de plus en plus aujourd'hui, existe-t-il? A-t-il existé? Je dis oui, mais non *par nature :* par surnature. Je dis oui, mais comme l'ouvrage et le produit d'une recréation historique divine et cette recréation a un nom. Elle s'appelle révélation, plus précisément : révélation judéo-chrétienne. Elle commence à Abraham, culmine au Christ. Nous avons mis dix-huit siècles à laïciser son essence, autrement dit à la vider de son existence, deux siècles à consommer sa perte définitive. Et pourtant on dirait aujourd'hui qu'elle recommence.

Et, jusque dans l'étude de cette révélation que je vais résumer, il nous faut nous garder de l'illusion humaniste. Cette illusion consisterait à admettre de tout temps, à projeter, donc, en arrière de son apparition historique, cet homme tout fait, complet, achevé, universel, singulier, ce sujet humain existant qui, mis en face d'une révélation divine, révélation voisine d'une information pure et simple, aurait à l'accepter ou à la refuser. C'est cela qui n'est pas. *Celui* qui reçoit la Révélation n'existe pas : il est fait par elle. On croit, et on a raison de croire, que par la révélation Dieu se révèle à l'homme, mais il y a plus, beaucoup plus : par la révélation, Dieu révèle aussi l'homme à lui-même. L'homme ne sait, n'a su qu'il est ni qui il est que par Dieu, et plus précisément par le Christ. Et cette révélation est re-création. L'homme nouveau du christianisme est l'Homme retrouvé par-delà le Péché. Et il n'y a pas, *il n'y eut jamais*, d'autre homme absolument universel et singulier que celui du christianisme.

Pourquoi ce fut si long? A cause du péché même. Pourquoi cela fut-il une Histoire? Parce que ce fut un travail, parce que ce fut un combat, parce qu'il y eut résistance — comme on dit en psychanalyse, mais cette fois en des régions ontologiques — d'où il suit, si c'est vrai, que je dois à l'instant corriger mon propos ; car il n'y a pas la révélation d'un côté, nos résistances de l'autre : la résistance à la révélation est la révélation même. Ou, plus exactement encore, Dieu ne se fait jour, en ce combat d'amour, sous forme de vérité — de vérité qui n'était auparavant nulle part dite ni écrite : il n'y a pas au Ciel de texte intégral, livrable d'un coup à Mahomet —, qu'à chaque résistance humaine vaincue, jusqu'à la dernière où nous sommes rendus à lui et à nous-mêmes par lui. J'ose citer, pour plus de clarté encore, une audacieuse métaphore de mon précédent ouvrage : « *Il n'est pas vrai que Dieu soit là devant moi avec une parole ou un texte et me donne une Révélation toute prête. Mais pas vrai non plus que l'homme soit là, tout fait, devant Dieu et la reçoive. L'homme se fait par le mélange conflictuel. Le feu du combat est lumière. A la limite, il ne faut pas dire que l'homme reçoit la Révélation, mais que l'homme est révélé... Oui, ce serait un peu comme en amour sexuel une femme hostile, frigide, sourdement haineuse, bloquée, est, après une longue lutte, révélée. Une femme révélée sait enfin qui elle est, ce qu'elle est, ce qu'elle était depuis toujours au fond d'elle-même. Et elle était cela et ne l'était pas à la fois, puisque tout à l'heure encore faussée aliénée, étrangère à soi : il faut l'en croire, elle en peut juger, depuis que la voici recréée... Et elle dit aussi quelquefois : je suis libérée...* »

★

Et maintenant cela, il faut le démontrer, ou plutôt, dans le peu d'espace que j'ai, le montrer. Et je commence par dissiper chez vous, lecteurs, une méfiance : vous m'avez vu employer les mots refoulements, psychanalyse, résistance, etc... Serait-ce que je prends — moi aussi —, pour l'adapter ou la transposer à la fois, une science humaine contemporaine toute faite, et d'ailleurs mal faite? Pas du tout. Et je dirai même, au contraire, que pour un peu, je reprends mon bien, notre bien. La première fois que le mot de refoulement fut employé en philosophie, ce fut cinquante ans avant Freud, et par un chrétien, Kierkegaard. Or à qui l'appliquait-il, ce mot? A Dieu même : « *L'esprit de Dieu refoulé produit la mélancolie.* » Et pour mon humble part je me suis permis d'étendre cette notion au péché originel, qu'elle peut éclairer en lui gardant son mystère.

Comment est en effet possible un exil de

Dieu qui ne se connaît pas comme tel, une rupture décisive instantanément inconsciente, un refus qui serait aussi une ignorance? Mais les termes de la difficulté donnent aussitôt la solution, si l'on s'avise que c'est le refoulement que nous venons de décrire... Bon débarras, se dit-on parfois dans une rupture amoureuse! Enfin libre! Et bientôt on a mal et on ne sait pas de quoi. L'orgueil qui nous a fait refouler notre amour dans l'inconscient était inconscient lui-même.

Et de même pourrait se résoudre la difficulté métaphysique. Se détourner de Dieu en le connaissant, ce n'est pas possible, car de deux choses l'une : ou bien on ne s'en détournerait pas, ou bien ce serait par une haine pure et consciente. Se détourner de Dieu sans le connaître, à plus forte raison sans L'avoir soupçonné, ne veut rien dire. La vérité, c'est que nous ne voulons pas Le connaître; un orgueil inconnu nous Le rend inconnu; nous ne voulons pas Le connaître et nous sommes ainsi faits que nous y réussissons. Le Péché originel, ce sont les deux sens réunis du mot : j'ignore. J'ignore par ignorance, et j'ignore par aversion. Le Péché originel, c'est, dans l'inconscient humain, par rapport à Dieu : « *Je t'ignore.* » Inconscient évidemment originel et ontologique, car ce refoulement n'est pas quelque chose qui nous arrive un beau jour dans notre vie d'homme; il est notre condition humaine. Ou, mieux encore, notre condition en résulte, et notre esprit, et le monde. Notre raison naturelle ne fuit pas Dieu : elle est cette fuite même.

Et nul ne cherche Dieu, et Dieu seul nous recherche, au-delà, par-delà cette rupture ontologique qui est abyssale, qui pourrait faire, ou mieux, ouvrir, la dimension de la transcendance divine. En tout cas, il y a, pour retourner à Dieu, pour notre Salut, un abîme à retraverser. Le pouvons-nous? Le pouvons-nous par nous-mêmes? Non, et c'est pourquoi Dieu, qui nous aime, s'en charge.

Le christianisme, le judéo-christianisme est la seule religion humaine à la fois révélée et historique, la seule Histoire absolue. Et ici, il me faut, dans une apparente parenthèse, où je m'opposerai à nombre de philosophes chrétiens, montrer qu'il ne prolonge pas en les dépassant les religions païennes ou naturelles, mais qu'il va radicalement à leur encontre, qu'il y a d'elles à lui un saut qualitatif infini et irréductible. A la limite il n'est pas du tout une « religion ». Car les religions païennes ou naturelles ne sont pas des essais vers une appréhension de Dieu, mais des ruses profondes et des précautions contre cela même. Car nous sommes ainsi faits que Dieu, perdu par le péché, nous presse dans le secret, et pour être tranquilles il nous faut l'éluder. Il nous presse par l'inquiétude et la misère, et il nous faut nous rassurer. C'est cela, la religion naturelle : l'homme secrètement inquiet de Dieu et tout seul dans la nature naturalise Dieu et divinise la nature. L'homme immanentise Dieu en son monde pour fuir la sensation et l'idée de l'abîme. Il le laisse passer en lui, mais Le coupe aussitôt de ses arrières, de ses arrières infinis. Alors, Dieu est partout là, contenu, englobé, apprivoisé, prisonnier, au besoin divisé en dieux selon les choses, dans un noyau diffus et fixe, à la fois cosmique et psychique, de sacré. Il n'est pas Lui-même. L'homme a respect, frayeur, mais commerce. Ainsi se constitue un grand compromis névrotique, mais stable et stabilisant. L'homme garde de Dieu cette unité qui organise et assied sa vie sociale — sociale sans individualité. D'où des sociétés en un sens plus sages, plus innocentes, plus heureuses parfois, objets de nos nostalgies, n'ayant pas payé le prix de notre aventure humaine, de notre avènement d'homme absolu. Lois structurelles. Temps circulaire. Peu d'Histoire ou pas d'Histoire. Ainsi, Dieu lui-même est circonvenu et piégé. Les religions naturelles sont donc en partie vraies, et en majeure partie, à la lettre, opium du peuple.

Or soudain, un beau jour, un homme quitte sa maison, sa terre, son clan, ses dieux : Abraham. C'est le commencement absolu du judéo-christianisme. C'est le commencement absolu de la fin des religions, c'est l'irruption de la foi. Abraham est le premier homme qui, à notre connaissance, s'ouvre, ou s'entrouvre à Dieu Lui-même. Pourquoi ? Nous n'en savons rien, et la question même n'a pas de sens. Pas de pourquoi de la foi. Plan de Dieu ? Chance de Dieu ? Nous n'en savons pas davantage. Première percée en tout cas, et à la fameuse question de Sartre : « Comment Abraham sait-il que c'est Dieu lui-même ? » je réponds par cette grandiose psychanalyse que j'ai tirée de Kierkegaard : si Dieu est refoulé au fin fond de nous et revient, seules nos résistances — qui le reconnaissent bien — nous empêchent de le reconnaître en conscience ; quand elles cèdent, comment ne pas savoir que c'est Lui ? Abraham sait enfin ce que savait son être ; pas besoin de carte d'identité ni de carte de visite divine !

Abraham a cédé. Il a cru, obéi. Dieu, disais-je, avec lui, a pris toutes mesures pour la foi contre les religions. Avant tout, Abraham quitte tout. Premier arrachement absolu. Mais il a gardé sa famille. Il lui faut donc accepter de tuer son fils. Foi contre religion, puis contre toutes lois humaines, toute morale. Mais ce fils est le fils de la promesse, de l'alliance. Donc, foi contre Dieu même faisant ici-bas des projets. Dieu contre Dieu. Dieu fou. Abraham obéit. C'est fait. Tout peut donc commencer sans contamination naturelle. L'Histoire Sainte est en marche. Et peut-être même l'Histoire. En tout cas la nôtre. En tout cas la seule *aventure-humaine*.

Bon, et après? Comment Dieu peut-Il se communiquer aux autres hommes? Par des récits d'Abraham? Qui le croirait? Les hommes ont leurs croyances, et la foi n'est pas croyance. Non pas, donc, par ses récits, mais par sa race. Dieu doit — sans jeu de mots excessif — s'enraciner. Dieu Maître ne peut se communiquer que par Abraham le Père. De père en fils, et par tradition réactivée autant qu'Il peut, car Il ne peut pas tout sur l'homme. Alors quoi, direz-vous? Une religion comme les autres? Non! Une religion contre les religions, insupportable aux autres, et, vu ce qu'elle demande à l'homme, presque insupportable à lui-même. Un peuple. Un peuple élu. Mais attention : qui n'existait pas avant d'être élu. Un peuple créé, forgé presque de toutes pièces, par Abraham et la libération d'Égypte. Un peuple créé, et donc un peuple seul, et de trop, qui va, qui doit incommoder et encombrer la terre. Sa terre à lui? Promise. Autrement dit : à prendre. Du sang? Oui, du sang. Ce n'est pas humain? Non, cela va faire l'homme... Mais patience... Donc une terre, base, bastion, zone libérée, tête de pont de Dieu sur la terre, et, comme par hasard, couloir de migrations, carrefour d'invasions. Israël est à la fois seul et au contact, comme on dit à la guerre, comme prêt à éclater d'expansion : d'une expansion qui doit, qui va être spirituelle.

Mais on est très loin du compte. Car ce peuple de trop, qui indispose la terre, est sans cesse infidèle à Dieu, puisqu'il envie naturellement les autres peuples et leurs cultes, et s'y console. Les religions sont bien des opiums du peuple, mais plus encore des antidotes heureux de Dieu : des anticorps spirituels. Israël, lui, purifie, nudifie, nettoie par le vide de l'abîme. Très dur, très abrupt, très lourd... Cet endurcissement des Juifs, cette nuque raidie contre Dieu, c'est pour vivre sans dureté, comme les autres. Il est sublime et invivable d'être Juif, et chacun d'eux le sait tout au fond. Et bientôt, peu à peu, dans la dure pédagogie progressive et conflictuelle d'Israël, tous les appâts terrestres qui restaient à sa foi se retirent. Le juste n'est pas forcément heureux, loin de là. Dieu supporte de plus en plus mal les sacrifices de bêtes. Il y a des prophètes, et le messianisme du Fils de l'Homme.

La Palestine a été conquise par Rome. La paix, la paix romaine, comme dira Bossuet. Mais surtout des nations asservies et brisées, des religiosités déracinées et syncrétiques, une administration créant des anonymes, et cette idée commençant à se répandre d'un *genre humain* (César, Titus), idée intellectuelle et sans contenu de réalité, parce qu'elle excluait les esclaves et les barbares, voire les femmes.

Or voici que, bientôt, un grand cri retentit : « *Il n'y a plus ni Grec ni Juif, ni esclave ni homme libre, ni homme ni femme.* » Et l'on sait qu'il n'y aura bientôt plus de Barbares. Notons le verbe « *il y a* ». C'est de l'existence. « Il n'y a *plus* », c'est de l'existence *arrivée.* Que s'est-il passé ? Qu'y a-t-il ? Il y a, il y a seulement des Fils de Dieu, frères du Christ, et je le répète : il y a. Ils sont là. Comme si nul intellect n'avait pu les comprendre, nulle sensibilité les admettre avant que Dieu les ait faits, créés — ou, puisque nous savons, nous, par la foi, qu'ils étaient tels depuis toujours — *recréés.* Comme s'ils n'avaient pu être *conçus* mentalement avant d'être conçus génétiquement. Qui a fait cela, et comment ? Le Christ.

Les desseins de Dieu sont insondables. Et le mystère du Christ de même. Ici, nous ne pouvons hasarder que quelques lueurs tremblantes. Qu'est venu faire le Christ ? Que voulait-Il faire ? Deux mille ans de théologie en discutent. Mais qu'a-t-Il fait, selon notre point de vue, finalement beaucoup plus modeste ? Qu'a-t-Il fait dans cette Histoire, peut-être absolue, mais Histoire ? Lisons de l'extérieur, avec humilité.

Il semble que le Christ ait voulu, d'abord, amener Israël à Le reconnaître, pour un « *salut par les Juifs* ». Lequel ? Nous ne le saurons jamais, puisque Israël ne L'a pas reconnu : « *Jérusalem, Jérusalem, j'ai longtemps cru...* » Alors, au sens moderne des verbes qui vont suivre, Il provoque Israël, Il le casse. Il le déshérite presque. Parfois des êtres l'y aident, et peut-être le Lui suggèrent : ainsi la violence inouïe du désir de la Cananéenne, qui Lui apprend peut-être qu'Il était attendu, mais plutôt ailleurs que chez Lui. Mais souvent, Il agit de lui-même au premier prétexte. La parole adressée au centurion confond Israël et le dépossède. La première révélation de la divinité du Christ est faite à une Samaritaine, race maudite entre toutes par les Juifs. L'exemple qu'il invoque pour l'amour du prochain, c'est encore un Samaritain, et les deux Juifs qui sont passés sans secourir le blessé sont prêtre et lévite ! Et deux autres défis absolus aux Juifs utilisent aussi les Samaritains. Et c'est enfin le rappel dans la synagogue de Nazareth : il y avait beaucoup de veuves en Israël du temps d'Élie, et c'est une veuve syriaque à laquelle il rend son mari. C'est là que l'on emmène Jésus à la falaise, pour l'en précipiter. Il y a de quoi. Ses provocations sont inouïes. Nous y sommes trop habitués pour en comprendre le choc, l'explosion. Le doux Jésus est terrible, dit Chesterton. C'est la fin du Sabbat, de l'Alliance, de l'Héritage. Les scribes et les pharisiens, de l'aveu de tous, ne méritaient pas ces malédictions suprêmes. Les Prophètes ne s'étaient pas privés d'insulter le peuple, mais au nom de la Loi, au plus pour sa purification. Ici, la Loi et les Prophètes, le destin même d'Israël, volent en éclats.

Israël n'est pas exclu par décret *a priori*. Il est même écrit dans les textes que tout aurait pu se faire avec son consentement. Mais cela ne s'est pas fait ainsi. Alors cela se fait autrement. En guise de « plan éternel », j'ose discerner de fortes chances que même la Résurrection et la

Croix soient improvisées. Et même réussies d'extrême justesse, dans leur enjeu doublé, porté à l'infini...

J'en tremble... Il nous faut en trembler, de cette improvisation tragique par laquelle nous sommes aujourd'hui ce que nous sommes, et dont l'idée ne nous offre ni de scandale logique, ni de blasphème : Dieu qui nous aime et nous recherche et nous prie, nous, libres, pourquoi ne serait-Il pas contraint d'improviser, puisque nous sommes imprévisibles ?

Que Lui arrive-t-il donc alors, au Christ, qu'Il semble finalement avoir cherché ? Et que nous arrive-t-il par Lui ? Né juif sous Rome, Il est condamné par les Juifs et exécuté par Rome, selon un supplice d'esclave. Renié, rejeté universellement, Il n'a plus ni patrie, ni race, ni religion. Il n'est terrestrement plus personne. Ou bien Il est, Il est enfin, *L'Homme*. Le plus grand jeu de mots involontaire de tous les temps, c'est : « *Ecce Homo* ». Oui, Il est enfin l'Homme, à ce moment suprême, d'autant — il n'y a là non plus aucun blasphème — qu'il n'est presque plus Dieu. Ce sont les Oliviers. Aucun homme ne fut jamais aussi absolument abandonné, et n'eut un mal aussi infini à mourir. Aucun. Ni avant ni après. Avant, parce qu'avant l'homme était quelque peu aidé, porté dans sa mort par la race, la société, la religion, l'espèce, la nature même... Après?... Eh bien, après, parce que nous y sommes aidés et portés par Lui, à travers cet abîme absolu qu'est devenue la mort, abîme qu'Il a franchi dans l'angoisse et le désespoir uniques. Il ne fallait pas moins que Dieu fait homme, et presque absolument délaissé en tant qu'homme, pour franchir cet abîme vers Lui-même. « *Oh, cette religion qui sert Dieu par Dieu même!* » disait Condren. Mais il faut dire davantage. Dieu s'est chargé de tout, y compris de la chair humaine, pour ramener l'homme à lui-même, par-delà la cassure abyssale de la mort et du péché. L'amour du Christ *présent* des deux côtés à la fois nous y appelle, il nous y tend la main à l'arrivée comme Il l'a tendue sur les eaux; mais déjà au départ, grâce à Lui, par Lui, nous étions allés Le rejoindre, librement arrachés à nous vers nous. Cela, dis-je, à l'heure de notre mort et à toute heure. En Lui, par Lui, avec Lui, nous pouvons à tout instant mourir et ressusciter, et dans notre corps.

Bref, Il ne nous aide pas à mourir, mais à mourir et ressusciter avec Lui, Homme absolu, c'est-à-dire à exister. C'est depuis qu'*il y a* des Hommes. « *Le saut qualitatif de l'homme-Dieu fait exister l'homme* », disait déjà Kierkegaard.

J'ai modestement essayé d'aller plus loin, puisque ce saut qualitatif ne vient pas trouer une Histoire empirique par un instant absolu, mais s'insère dans une Histoire absolue comme instant suprême. Et nous pouvons aussi dépasser ce résultat vers une grandiose réciproque : si le Christ rend à l'homme une vie qui est l'existence, inversement ce dernier n'existe qu'en mourant au monde et à lui-même et en ressuscitant avec Lui. Et nous comprenons, d'un coup, d'un seul coup, le piège où tombe le moderniste humaniste : c'est arrivé, au sens le plus fort et pur, et il a cru au sens très vulgaire que « c'était arrivé ». Il a cru qu'il lui avait suffi de se donner la peine de naître et le mince et béatifique effort intellectuel de se dire : « *Je pense, j'existe* », alors qu'il a fallu et qu'il faut à jamais, pour son avènement dans l'existence, que Dieu et lui à sa suite meurent et ressuscitent. Il a voulu cueillir tous les fruits d'un coup, et scié l'arbre.

Mais je ne suis pas satisfait. Par qui cette recréation de l'homme, je l'ai dit. Comment s'est-elle faite? Je ne l'ai pas montré. Et c'est très difficile. J'ai écrit, d'abord, dans mon petit livre : par irradiation mystique. C'était baptiser le problème et non le résoudre... Mais peut-on le résoudre? N'est-il pas contradictoire de chercher le mécanisme de la Grâce — car c'est cela même — comme si elle était mécanisme, et non gratuité! Parlera-t-on alors de la vertu de l'exemple? Que peuvent les exemples en de telles extrémités humaines?... Et d'ailleurs, en ce cas, Christ aurait pu venir n'importe où et n'importe comment, alors que le lien n'est que trop direct et évident, malgré son mystère, entre sa mort et résurrection et le « *Il y a* » de saint Paul! Parlera-t-on alors de Son amour qui nous cherche et qui nous gagne? Mais le problème étant de savoir, depuis deux mille ans d'Histoire juive, *comment* les hommes peuvent s'ouvrir à l'amour divin, invoquer cet amour comme cause suffisante est un cercle. Ce n'est donc pas l'orgueil intellectuel, mais la nécessité qui nous fait chercher tout de même *comment* cela se passe, et peut-être aussi *comment* cela s'est passé.

Certes, les apôtres sont allés annoncer aux pauvres gens écrasés et anonymes du monde romain, à chacun d'eux, que Dieu était mort pour lui, et qu'en Lui rendant ce don d'amour, il serait divinisé. Mais je crains que ce ne soit, que ce ne fût qu'émouvant et consolant, susceptible de susciter une croyance de sentiment après tant d'autres, païennes. Un opium de plus, non des moindres. Et même si le Christ est présent en celui qui fait Son annonce, comment peut-Il entrer dans celui qui la reçoit? Bref, comment se fait la conversion?

Nous ne pouvons y échapper. Tertullien, écrivant : « *On naît païen, on devient chrétien* », pose la question à merveille. Si le paganisme est naturel, le christianisme n'est-il alors qu'accidentel ou artificiel? Non, certes. Il nous reste à dire surnaturel et que notre surnature nous envahit. Mais c'est nominal. Comment la surnature peut-elle changer notre nature... sinon, bien sûr, parce qu'elle rejoint et révèle notre profonde nature perdue, notre nature plus profonde que la nature?... Mais encore comment? Oui, qu'est-ce que le Christ atteint ou plutôt peut atteindre en nous qui soit, au-delà du sentiment, de l'émotion, de la croyance même — bref, de tous les opiums du peuple — notre être? Et comment le peut-il? D'un mot, quel est ce choc qui nous rend à nous-mêmes? Je n'en sais rien encore. Mais je puis faire un petit progrès, dire une exigence. Si j'en crois Tertullien, je puis déjà postuler que la foi christique — à moins d'être purement illusoire — *ne prolonge pas notre être en l'accomplissant ou l'épanouissant, mais le rétablit en le basculant. Ainsi pourrait-elle être plus naturelle que nature en n'étant pas de naissance.* Tout commence à s'éclairer, si nous nous rappelons ici que selon le dogme notre être humain est disloqué par le péché, d'où, quand le Christ arrive, nous bouscule et nous bascule, le choc, la douleur et cette « sensation ontologique », dirai-je, d'être rendu à soi-même, mais ce n'est pas assez. Qu'est-ce qui, précisément, en nous, est non seulement atteint, mais touché par l'annonce et l'invite christiques ? Qu'est-ce qui, en nous, peut se reconnaître et a une chance de se rendre ?

A cela je ne peux répondre que : Dieu même. Il faut se souvenir ici de ce que j'ai osé dire : par le Péché originel Dieu n'est pas absolument absent, mais refoulé, et secrètement Il nous presse. Nous sommes désormais pressés de deux côtés, et le Fils historiquement annoncé — je pense aux kérygmes, aux brefs récits des apôtres —, le Fils, dis-je, rejoint à travers nous le Père. Il y a là, notez-le, une invite puissante qui est plus qu'un exemple, et n'est pourtant pas une contrainte. Le malaise de notre instabilité ontologique redouble, et tout à coup bascule, si nous y consentons, en sa ré-solution... Mais encore faut-il que nous le voulions ! Notre cœur intérieur est libre ! Un don, une réponse à l'amour ne sont jamais décidés et pourtant libres. Oui, peut-être nous fûmes entrouverts au kérygme par émotion, pitié, vague besoin de croire. Peut-être, au premier siècle, nous disposions-nous à intégrer le Christ à notre Panthéon, je veux dire à notre noyau psychique païen — alors bien confus et dilué —, et Il entre soudain rejoindre le Dieu du fond de notre être, qui nous pressait, et notre ancien noyau psychique est évaporé, et c'est Christ qui l'occupe. « *Je vis... Mais non, pas moi... C'est Christ qui vit en moi...* » est donc à prendre à la lettre. Nous retrouvons ainsi, mais pour la justifier, cette maxime banale que le christianisme est la plus grande mutation psychique, ou révolution culturelle, de l'humanité. J'ajoute : la seule; et je précise : psycho-ontologique. C'est même une *psychose ontologique,* qui nous sauve.

Dieu rejoint Dieu en nous par Son humanité. C'est cela le christianisme. Mais soyons plus précis encore : de quoi nous pressait Dieu même, en secret, et en vain? De mourir au péché, de mourir à nous-mêmes pour ressusciter en nous-mêmes et Le rejoindre. Or ce drame, ce drame absolu et re-créateur, qui nous sollicite en secret, qui est par destination *le nôtre,* il est là, vécu et résolu par le Christ, en Sa personne. Et lors nous le reconnaissons, *notre* drame, à la fois véritable et désirable. Il s'actualise, et nous voici rendus à notre tragédie vraie, c'est-à-dire non point guéris ni consolés, mais *libérés,* à la fois sauvés et sauvables, susceptibles enfin de prendre part à notre salut en le connaissant ou plutôt, comme on dit, en y con-naissant, et j'ajoute : en y re-naissant. Voici donc peut-être, une furtive lueur sur la Grâce, la Grâce fondamentale, et non exactement son mécanisme ni son dynamisme, mais à la fois sa voie et son articulation dans la conversion. Et, certes, il nous reste, en notre être, et le péché et la sensibilité naturelle; mais, je le répète, comme en l'instant décisif d'une guerre : c'est gagné. « L'espoir changea de camp, le combat changea d'âme. » C'est souvent reperdu, mais c'est gagné. Les trompettes de Paul : « *Mort, où est ta victoire?* » sont définitives. Et malgré les plus accablantes apparences, les portes de l'Enfer ne prévaudront pas contre l'Église...

Vous voyez, j'ai si hâte d'en venir à l'Église que j'en oublie de conclure. L'homme, être universel et singulier absolu, a été recréé par la Révélation et la Grâce, et meurt de son refus, comme nous le voyons depuis deux siècles. Sur un plan plus philosophique, disons qu'on ne peut à la fois nier Dieu et revendiquer l'existence singulière et universelle de l'homme. L'athéisme humaniste est une contradiction interne. Nous pouvons dire, nous devons dire à cet athée qui contre Dieu brandit l'Homme :

« *Qui t'a fait Homme? Qui a payé pour ta suffisance humaniste?... Sans Dieu, tu n'aurais rien de ce par quoi tu nies qu'Il existe!... Sans la Croix, tu serais encore incorporé à ton clan et tu aurais une religion!... Non seulement le Christ en mourant t'a fait naître, mais Lui seul aurait pu te faire toujours vivre!...*

« *Car surtout ne va pas répondre que tu es créé et recréé, donc désormais majeur, émancipé, souverain, seul à exister, absolu dans ton existence! Et ne te fais pas appuyer dans cette thèse plaisante par les pitoyables théologies de la mort de Dieu en Christ et de Christ en l'homme! Ce n'est pas vrai! Tu n'en auras jamais fini de mourir et ressusciter en Christ pour sauvegarder ton humanité existante! Et tu devras toujours en ton prochain regarder, re-specter cette origine divine et cette chance christique pour fonder ton amour, pour aimer autrui en substance, pour t'oublier en lui au lieu de t'aimer toi-même en lui dans les humanitaireries modernes désormais exsangues ou inquisitoriales.* »

⁂

Il ne me reste qu'à dissiper une objection, à la fois formidable et puérile : « *Quoi!* m'a-t-on dit, indigné, *les chrétiens seraient les seuls Hommes?* »

D'abord je serais vulnérable à cette objection si les chrétiens étaient chrétiens, ce qui n'est pas... Mais il reste troublant que nous, qui avons tant besoin de Christ pour *exister,* nous ayons devant nous certains hommes qui s'en passent, chez qui nous admirons des perfections humaines qui nous transcendent. Il y aurait donc, si nous jugeons justement ces hommes, un idéal moral commun à toute l'humanité et vers lequel le Christ serait un moyen d'accès qu'on pourrait dire, à tous sens du mot, le moyen du pauvre. Le danger semble terrible. Et de même j'ai pu dire que, si Christ ne crée pas l'Homme, les Juifs ont raison de voir dans le christianisme un judaïsme au rabais. Danger, donc, de toutes parts.

L'ennui, pour ces contradicteurs, c'est que nous ne jugeons pas justement ces hommes, car nous jugeons où nous ne pouvons pas juger. L'ennui, c'est qu'il *n'y a pas* d'idéal moral commun à toute l'humanité, sinon à titre de pur concept post-chrétien et totalement abstrait, finalement aussi impensable qu'inapplicable. Nul penseur n'a jamais pu *fonder* de morale humaine universelle. La plus sublime tentative, celle de Kant, est un échec dont tout le monde convient. J'en ai écrit ailleurs la preuve en quarante pages, pour une première version de *Ce que je crois,* et la publierai au besoin. Je dirai aujourd'hui que, kantien en critique, je me suis désespérément raccroché à cette morale pendant quinze ans, au fond pour éviter Dieu, avant de m'avouer son manque de fondement critique. Et j'ajoute que Kant avoue presque son désastre lorsqu'il doit reconnaître, en conséquence de son principe, qu'il n'y a sans doute jamais eu une seule action morale depuis le début de l'humanité — si bien que l'homme qui nous apparaît le plus moralement admirable est encore plus loin de l'idéal moral que nous de la sainteté de Dieu!... Au reste, soyons franc : l'idéal moral est décourageant pour un sincère; ou alors enivrant, s'il croit sincèrement l'atteindre. Mais ne sont-ce pas là l'orgueil et le désespoir, nos deux principaux péchés? Ce qui me donne l'obligation et la joie de reproduire un des deux ou trois plus sublimes passages des *Pensées,* où Pascal fonde le christianisme, non comme une morale du pauvre, mais, en surcroît de sa vérité religieuse, comme la seule morale humaine *possible.*

« *Sans ces divines connaissances, qu'ont pu faire les hommes, sinon, ou s'élever dans le sentiment intérieur qui leur reste de leur grandeur passée ou s'abattre dans la vue de leur faiblesse présente? Car, ne voyant pas la vérité entière, ils n'ont pu arriver à une parfaite vertu. Les uns considérant la nature comme incorrompue, les autres comme irréparable, ils n'ont pu fuir, ou l'orgueil, ou la paresse, qui sont les deux sources de tous les vices; puisqu'[ils] ne [peuvent] sinon, ou s'y abandonner par lâcheté, ou en sortir par l'orgueil. Car, s'ils connaissaient l'excellence de l'homme, ils en ignoraient la corruption; de sorte qu'ils évitaient bien la paresse, mais ils se perdaient dans la superbe; et, s'ils reconnaissaient l'infirmité de la nature, ils en ignoraient la dignité : de sorte qu'ils pouvaient bien éviter la vanité, mais c'était en se précipitant dans le désespoir. De là viennent les diverses sectes des stoïques et des épicuriens, des dogmatistes et des académiciens, etc.*

La seule religion chrétienne a pu guérir ces deux vices, non pas en chassant l'un par l'autre, par la sagesse de la terre, mais en chassant l'un et l'autre, par la simplicité de l'Évangile. Car elle apprend aux justes, qu'elle élève jusqu'à la participation de la divinité même, qu'en ce sublime état ils portent encore la source de toute la corruption, qui les rend, durant toute la vie, sujets à l'erreur, à la misère, à la mort, au péché; et elle crie aux plus impies qu'ils sont capables de la grâce de leur

Rédempteur. Ainsi, donnant à trembler [*à*] *ceux qu'elle justifie, et consolant ceux qu'elle condamne, elle tempère avec tant de justesse la crainte avec l'espérance, par cette double capacité qui est commune à tous et de la grâce et du péché, qu'elle abaisse infiniment plus que la seule raison ne peut faire, mais sans désespérer; et qu'elle élève infiniment plus que l'orgueil de la nature, mais sans enfler : faisant bien voir par là qu'étant seule exempte d'erreur et de vice, il n'appartient qu'à elle et d'instruire et de corriger les hommes.*

Qui peut donc refuser à ces célestes lumières de les croire et de les adorer? »

★

Et quant à la plus sublime tentative de morale humaine universelle depuis Kant, celle de Sartre, elle a presque immédiatement renoncé à elle-même, non par lâcheté, mais impossibilité interne, pour se fondre et se perdre en politique marxiste, offrant ainsi à ma thèse une contre-épreuve de fait, décisive.

Il faut d'ailleurs se faire à cette dure idée qu'il n'y a pas de jugement chrétien en morale, pour la simple raison que Christ l'a interdit — « *Ne jugez pas* » — et a radicalement renversé ce que nous appelons « *valeurs morales* » : les derniers seront les premiers, etc. Ce qui n'est certes pas une raison de suspecter de bassesse intime et secrète celui que nous admirons, mais de ne rien savoir de lui. Il y a là, il faut s'y faire, une incommunicabilité entre croyants et non. Pas de commun critère. Nous ne pouvons, nous, ni estimer ni mépriser notre semblable, mais seulement l'aimer en aimant Dieu en lui. C'est peut-être pour cela qu'aucune morale au monde n'a pu dire : aimez vos ennemis... D'où une précision qui me vient : nous n'avons pas à suspecter de pharisaïsme le saint laïque, mais de sainteté le plus abject publicain. C'est ainsi. Et notons alors que la réponse décisive du Christ à Nietzsche, c'est que ce dernier ne saurait renverser les valeurs chrétiennes, puisqu'*il n'y a pas de valeurs chrétiennes,* puisque le christianisme ne se reconnaît aucune *valeur*. Je ne songe pas ainsi à couper l'herbe sous les pieds de Nietzsche, car je n'ai vraiment et finalement jamais su ce qu'était une « *valeur* »! Essayez donc de m'en fonder une, une seule, philosophes!

Le Christianisme ne se sent donc aucunement solidaire des ennuis et malheurs actuels de l'Universelle Morale, ne la connaissant pas, ne la reconnaissant pas, ne l'affirmant ni la niant. Le Christianisme est une histoire d'Amour qui est l'Être. C'est ainsi. Le Chrétien ne peut estimer, respecter, aimer que Dieu et le fils de Dieu son frère dans l'inconnu insondable de tout homme. Et quant à se prétendre ou se vouloir lui-même estimable, c'est le commencement de sa perte. « *En mon nom vous serez haïs et méprisés.* » Il faut s'y faire. Dans l'incroyant admirable je respecte Dieu et mon frère en Dieu, non le kantien ou quelque autre. Et je respecte Dieu et mes frères en Dieu dans les religieux de toutes les religions, admirant Ses atteintes en leurs recherches non abouties à une Révélation historique et personnelle, moi, chrétien non pas fier, mais plutôt honteux de mon privilège — honteux que la peine que Dieu ait prise soit tombée sur moi, non sur eux, que je dois estimer plus dignes — mais sans le renier non plus, ce privilège : je n'y peux rien...

Quant à savoir si la Grâce travaille les hommes hors de l'Église, notre Révélation nous assure que oui. Je pense avec saint Jean Eudes qu' « *on peut parfaitement aimer Dieu sans savoir qu'on L'aime* », et je crois distinguer parfois, dans la vie, les athées qui aiment Dieu de ceux qui le haïssent. Souvent il me semble que c'est tout l'un ou tout l'autre, et que certains sont pénétrés de Dieu si naturellement et avec une telle paix que l'absence de conflit les dispenserait de conscience — en quoi je reste conséquent avec mes thèses. Mais comme ils seraient vexés de se voir ainsi « *annexés* », passons, en leur répétant que nous ne *savons* rien d'eux...

Il y a, c'est un fait, une religion chrétienne incluse en l'espèce humaine. Il n'y a pas de Christianisme inclus en l'Humanité, puisque l'Humanité vient de lui, dévie de lui et n'existe pas en soi... Et à cette dernière et redoutable question : le chrétien *existe*-t-il seul comme *Homme* je réponds : s'il est vraiment chrétien, oui, mais par la vie de Dieu en lui. Il n'y peut rien. Il n'a surtout à cela *aucun mérite!* Le chrétien n'est pas « *bon* », n'est pas « *meilleur* ». Dieu nous enseigne à ignorer *ce qui* est bon et mauvais sur terre. Le Christianisme n'a jamais été qu'un moyen pour l'homme de redevenir Homme en retrouvant Dieu en lui, nommément, de préférence pour plus de béatitude...

Oui, j'en conviens, Paul n'a pas dit : « *Il n'y a plus ni Juifs, ni Grecs, etc. mais des hommes.* » Il a dit : « *... des fils de Dieu, frères du Christ* ». Mais comment nier qu'il ne s'agît de l'Humanité? Et nous vérifions que cette Humanité était la seule *possible* par la contre-épreuve moderne. L'identité entre Homme et « *fils de Dieu frère du Christ* », après s'être longtemps maintenue, s'est rompue. On a dit seulement « *homme* » quand on n'a plus cru en Dieu. Mais on ne *pouvait* plus le dire, faute d'*existence*. La rupture — c'est ainsi — ne s'est pas faite au profit d'une existence humaine indépendante, mais au profit de la déshumanisation et de la Mort de l'Homme. Et voilà qui réfutera tous ceux qui, sans contester que le Christ nous ait révélé historiquement l'Humanité Universelle, ajoutent aussitôt qu'il s'est effacé et devait s'effacer dans ce qu'il a servi occasionnellement à révéler. Cela n'est pas. Ce n'est pas vrai. Car enfin — mille excuses ! — ce ne sont pas des penseurs chrétiens qui ont inventé, que dis-je, constaté aujourd'hui la Mort de l'Homme, — ils sont bien trop suiveurs à retardement pour cela — mais les plus grands et les plus géniaux des athées !

Résumons : nous ne pouvons donc plus fonder un humanisme incluant, débordant, dominant le Christianisme — sinon sur les individus parfaitement humains que nous admirons. Mais outre que cette « *perfection humaine* », dénoncée par Kant, le plus grand humaniste moraliste, trahit une idolâtrie de l'humain, cela équivaudrait à fonder la vérité absolue d'une religion par deux ou trois saints de sa connaissance !... Si donc, chrétiens, nous avons finalement réussi, au prix d'un effort terrible, à nous débarrasser de l'idée et du culte de la *vertu,* si contraires à l'Évangile, les retrouverons-nous au spectacle du monde, et en dépit de toute pensée possible, pour témoigner contre Celui qui nous en a délivrés? N'aurons-nous renoncé à être bons devant Dieu et devant les hommes que pour nous terroriser nous-mêmes et disqualifier notre Dieu au seul aspect de ceux qui seraient bons sans Lui?

Il faut choisir. Et s'il faut à tout prix nous excuser d'être si différents des vertueux de ce monde, qu'on nous excuse de choisir le dogme de l'Église invisible pour nous réunir à eux.

Cette longue parenthèse nous aidera à comprendre l'Église visible.

***

L'Église est la vie de Dieu sur terre jusque dans notre chair pécheresse, de sorte que les péchés perpétuels de l'Église n'auront jamais d'autre remède qu'en elle-même, ou plutôt dans le Christ : l'Église est une prostituée que le Christ ré-épouse tous les jours, disaient déjà les Pères. Il lui faut et faudra sans fin, de son côté, recommencer, par la conversion. Ne croyant pas en cette matière au Progrès, nous n'en pouvons avoir déception et nous comprenons celle des hommes...

L'Église n'est pas une communauté d'hommes existants choisissant de se réunir autour du Christ ou en son nom, puisqu'il n'y a d'hommes existants que par le Christ et que ce choix se précède toujours soi-même et d'autre part est toujours à faire. Ce serait plutôt nous qui ratifions Son Choix de nous, avec ce qu'il nous a déjà donné de liberté et d'être. L'Église n'est pas une intersubjectivité, une existence interpersonnelle, puisque subjectivité et personne s'y réalisent, qu'elle est aliment et être de la Révélation de l'Homme, comme la Révélation elle-même l'est de la Foi. Ou plutôt elle ne nourrit pas quelque chose de déjà là, mais l'accomplit, le *sacre*. Elle est un seul sacrement, moins librement accepté qu'il ne nous libère : ou plutôt les deux sont vrais. Elle se précède en nous, nous précède, nous suit. On n' « *adhère* » pas à l'Église. Elle est à notre adhésion ce que le Péché originel est à nos péchés... Se séparer ou s'abstenir de l'Église consiste à se réserver Dieu : attitude dont l'énoncé dit à lui seul le scandale, et l'impensable. Sa Réforme suppose chez le Réformateur sainteté et mission divine, ce qui est possible, le difficile étant de déterminer si ces conditions sont remplies : difficile, surtout, à déterminer par l'intéressé lui-même! Et par l'Eucharistie, sacrement des sacrements, se crée une continuité entre le Corps du Christ et le nôtre, qui est l'Église. Ce Corps ne vit que par la foi et la fait vivre. L'Église est par la foi le corps de Christ sur terre, sensible...

L'Église est l'Incarnation en notre chair pécheresse. Merveilleux et clair mystère, ne posant au surplus aucun autre problème philosophique que celui d'un surnaturel naturel, d'un supra-sensible sensible, question bien résolue depuis Kant et Hegel, à ceci près que la Foi, pur mouvement d'âme initialement nécessaire à cet accomplissement, et le portant sans cesse, fait que l'Église n'est pas une chose ni un être, encore moins une magie ni une recette de salut... Le lecteur sait peut-être ce qu'on a appelé le « *corps propre* » : le corps inétendu, sans organes, tel qu'on le sent. L'Église serait le corps propre divin de l'Humanité, corps propre collectif sans espace et qui prend le temps, corps propre qui anime notre extériorité à condition que nous l'ayons d'abord oubliée... Ces approximations multiples sont nécessaires pour cerner un mode d'être qui nous déshabitue de toutes catégories philosophiques faciles, sujet, objet, liberté, nature, et qui les constitue en se dépliant en elles, selon elles... L'Église est l'Incarnation, j'allais écrire : l'*Incarnation continuée,* mais le seul mot « *continuée* » suggère, malgré lui et paradoxalement, césure, dégradation, moins-être, et il n'en est rien, le Christ étant toujours là. Faut-il même dire « *toujours* »? Le Christ n'est pas remplacé par sa survie en l'Église, puisque de son vivant déjà, le dernier soir, par la Cène, il s'était incarné en notre chair pécheresse. Ainsi la transition est faite et rien ne décroît, peut-être au contraire, puisque le soir de la Cène il manquait encore beaucoup aux apôtres dans la connaissance de la Révélation, de la Foi — ce qui permettait à un grand spirituel de me confier récemment, comme un secret : « *Nous sommes beaucoup plus heureux que les Apôtres.* » L'Église n'est pas une rallonge du Christ, mais le Christ même de mieux en mieux connu, au sens premièrement physique de « connaître ». Demander à quoi elle sert, pour quoi faire, c'est, même intellectuellement, scandaleux. Elle n'est pas même, oserais-je dire, au service de Dieu — ou ni plus ni moins que le Christ. Elle est la matérialité de Dieu. Elle est Dieu désormais dans l'espace et le temps de la Terre.

*

Je dis tantôt le Christ, tantôt Dieu. Lequel des deux l'a fondée? Aucun. Elle n'a d'ailleurs pas été fondée, exactement. Ni par le Père, ni par le Fils, ni par tous les deux. Elle a, elle aussi, quelque chose d'incréé. D'autant qu'il y a un homme entre le Père et le Fils : Pierre. Lisons plutôt :

« *Arrivé dans la région de Césarée de Philippe, Jésus posa à ses disciples cette question :* " *Au dire des gens, qu'est le Fils de l'homme?* " *Ils dirent :* " *Pour les uns, Jean le Baptiste; pour d'autres, Élie; pour d'autres encore, Jérémie ou quelqu'un des Prophètes. — Mais pour vous, leur dit-il, qui suis-je?* " *Simon-Pierre répondit :* " *Tu es le Christ, le Fils du Dieu vivant.* " *En réponse, Jésus lui dit :* " *Tu es heureux, Simon fils de Jonas, car cette révélation t'est venue, non de la chair et du sang, mais de mon Père qui est dans les cieux. Eh bien! moi je te le dis : Tu es Pierre, et sur cette pierre je bâtirai mon Église, et les Portes de l'Enfer ne tiendront pas contre elle...* " »

Il s'est passé quelque chose. Quoi? Notons d'abord comme c'est rapide. Le Christ constate soudain que Pierre est « en direct avec le Père », et il semble sauter sur l'occasion... L'occasion de quoi ? Eh bien, disons, de ne pas fonder Lui-même l'Église ! Ils sont trois maintenant : le Père, Lui et Pierre. Lequel fut décisif ? Aucun et tous. Le Christ bondit sur l'occasion que l'Église, émanant, jaillissant du Père et d'un homme, se l'incorpore Lui, Christ. Quand Il l'instaure — ou plutôt la déclenche ou l'actualise — Lui aussi est déjà pris en elle. Dirai-je : court-circuité ? Je dirai pour un peu que Pierre, le premier Pape, Le précède, afin qu'il n'y ait pas de cassure, de moins-être, de dégradé, entre Lui et Pierre et les Papes dans l'ordre chronologique. Et le Pape est peut-être toujours, pour une part, quelque part entre le Fils et le Père... Mais en tout cas le Christ a bondi sur l'occasion de ne pas être un fondateur de religion ! Non, Jésus-Christ n'a pas fondé le christianisme, Dieu soit loué ! L'énumération Jésus-Mahomet-Bouddha-Zoroastre, etc. n'est pas à discuter, puisqu'elle n'est pas pensable.

Je devine une question. Et si cette conjonction entre Pierre, le Fils et le Père ne s'était pas faite ? Que se serait-il passé ? Je n'en sais rien. Quelqu'un vous dit soudain une jolie formule. Vous lui demandez de la répéter. Il ne peut plus. C'est perdu, ce fut unique. C'était un « *bonheur* ». L'Église est un bonheur absolu qui put être saisi au vol, et qui dure...

Vous connaissez le chant que nous chantons souvent à la messe : « *Nous avons vu les pas de notre Dieu... Reviendra-t-Il marcher sur nos chemins?...* » Eh bien j'aime beaucoup, ce chant, mais il est faux, deux fois faux. D'abord le Christ ne reviendra qu'en gloire, à la toute fin. Il nous l'a dit. Il ne faut pas rêver retour sur nos chemins. Il n'y reviendra plus dans sa réalité physique et cependant, dans sa réalité mystique — qui est aussi physique — Il y est toujours, Il ne nous a jamais quittés. De plus — c'est curieux, mais c'est ainsi —, nous n'avons jamais vu les pas de notre Dieu marchant sur nos chemins, puisque parmi les gens qui les ont vus aucun ne savait qu'il était Dieu — sauf Pierre, un instant, et il doit l'oublier bien vite, puisque bientôt après il se fait traiter de Satan, pas moins !

Pourquoi dis-je cela ? Pour deux raisons peut-être. D'abord il se confirme combien nous sommes plus heureux que les apôtres, puisqu'ils voyaient et ne savaient pas, donc ne voyaient pas. D'autre part, s'il est vrai qu'Il ne reviendra pas sur nos chemins, l'*Église est notre seule et dernière chance d'avoir Dieu sensible sur terre* — sauf rêverie et fantasmes narcissiques. Ou encore : Dieu sur terre n'est que l'Église, et justement parce que la communauté humaine est indivisible... Mais, direz-vous, la personne, l'individu absolu, l'ineffable de la Foi, les mystiques ? Notez d'abord, surtout si vous êtes de mes frères égarés, que vous ne pouvez plus m'accuser de salutisme solitaire ! Mais d'autre part, si j'ai fait, si je fais encore de la foi un instant premier, un choc pur et ineffable sans lequel rien ne serait — et qui peut se renouveler dans la mystique — j'ai aussi bien montré que sans la Révélation, depuis Abraham commune, historique, elle serait le rêve d'un rêve, elle ne serait ni dicible, ni consciente, ni même sensible. Celui qui n'aurait de la foi que l'éclair absolu non seulement n'en dirait rien, n'en saurait rien, mais n'y croirait pas...

Mais ne puis-je être Abraham ? diras-tu. Tout ne peut-il recommencer avec moi ? Je te réponds : de quel droit et pourquoi faire ? Je te réponds que non, qu'il faut croire que non, que Dieu n'a pas d'énergie historique à perdre. Kierkegaard, qui a nié le Temps hégélien au lieu de le remplacer par un Temps chrétien, Kierkegaard s'est mal rattrapé avec sa Répétition... D'ailleurs, comme on le voit jusque dans les Évangiles par les exemples de la Vierge et de Jean-Baptiste — elle, qui a reçu l'Annonciation, cesse d'y croire dans la synagogue de Nazareth ; lui, qui a désigné le Messie, Lui envoie demander, un an plus tard, si c'est bien Lui — le propre des révélations personnelles est d'être oubliées, ou même de n'être plus crues. L'Église n'oublie pas. L'Église croit toujours. Mais attention : elle n'est pas un aide-mémoire ni un registre, et la Foi n'est pas un dépôt. De même que chez Kant ce ne sont pas les sensations punctiformes et chaotiques, mais l'unité de ces sensations en objets qui constitue notre expérience sensible, de même il nous faut dire que l'*Église ne relie pas entre elles les expériences de nos fois, mais relie les sensations de nos fois en une expérience.* Elle n'est pas le tissage des expériences, mais le tissu même de l'expérience de Dieu. Elle est donc la seule expérience possible de la foi humainement connaissable et reconnaissable comme telle. Ou encore, elle est ce par quoi ce qui s'*imprime* en sensations s'*exprime* en expérience. Et donc elle n'est pas je ne sais quelle médiation, mais la substance commune et en même temps propre de ma foi. Et bien évidemment les Écritures elles-mêmes sont prises dans le circuit transcendantal de ces expériences, de cette expérience. Le « *sola scriptura* » ne veut rien dire, pas plus que l' « *homo solus* » qui les interpréterait ! Je n'ai pas la place de m'attarder, mais on devine que c'est à la fois beaucoup plus compliqué et beaucoup plus simple. Les textes sont effet et cause, sillages et guides à la fois, d'une communauté d'expérience Dieu-Hommes...

L'Église, il faut y passer. Il ne faut pas passer par elle — vers où ? — mais y passer, au sens où un converti disait en pleurant à un autre « *Mon pauvre vieux, nous allons tous y passer* », presque au sens vulgaire de « *passer à la casserole* ». J'allais d'ailleurs écrire qu'il nous faut y passer « *com' tout l' monde* » ! Toute autre attitude est plus qu'un luxe : un narcissisme incompatible avec la Foi même... Et il est difficile de savoir au juste quelles vertus l'Église broie chez les hommes, car elle broie l'orgueil et l'orgueil broyé se déguise en mille vertus pour accuser ou se plaindre. Catherine de Sienne se prosternait devant tous les mauvais prêtres, pour les guérir. Comme nous devrions l'imiter ! Et aussi bien — détail quelque peu annexe — se passer de l'Église au nom de sa propre foi, c'est nier sa propre misère, que l'Église secourt : il me semblait pourtant que la Foi nous la révélait, notre misère, et nous déconseillait vivement de nous y complaire !... Je crains de plus en plus que la foi sans Église ne consiste à s'estimer saint ou élu de Dieu, quoi qu'on dise... Mais c'est peut-être ma vieille mentalité fantassine, de deuxième classe...

L'Église n'est pas une institution. Régime politique, hiérarchie, administration, ont à peu près la même importance chez elle que la couleur des hosties pour Jésus-Christ. Disons, si l'on m'y pousse, que j'y serais plutôt démocrate, de même que je préfère légèrement les hosties rousses aux blanchâtres. On voit, à ce trait, ma passion... L'Église, la Sainte Église n'est pas une institution, sinon par une face, non pas tellement sensible qu'empirique, qui à la fois peut être l'objet du regard et ne doit pas l'être, sous peine que l'on perde sa réalité même. Ainsi la parole humaine est un bruit, mais si l'on écoute le bruit, on n'entend pas la parole. Et justement cette suite, ce continuum apparemment compliqué : Dieu - le Christ-l'homme pécheur-l'Église spirituelle et matérielle, me rappelle parfois le langage : le sens, la création, le texte, le mot, la lettre, le bruit, la sédimentation, la structure, la culture, ces éléments du langage ont des rapports apparemment inextricables, mais ils sont tous là, présents et ordonnés ensemble, quand nous parlons, et parler, c'est simple. L'Église est le Christ vivant sur terre entre sa vie terrestre et sa gloire, vivant dans le sensible grâce à l'Eucharistie et à notre foi en elle. Elle nous fait tous et dépend de chacun de nous, puisqu'elle meurt sans la foi et revit sans cesse de la foi.

*

Ces considérations rapides, trop rapides, ont du moins l'avantage de se déduire immédiatement des thèses qui précèdent sur Dieu et l'Homme, et n'ont donc pas besoin de preuves particulières.

J'ignore si elles sont conformes à la théologie catholique traditionnelle. Je sais qu'elles ont de quoi faire hurler les trois quarts du clergé moderne, ceux pour qui on *adhère* à l'Église comme au parti socialiste, ceux pour qui on se réunit librement autour du Christ comme d'un leader, etc. Toutefois je ne crois pas sans intérêt de comparer mes définitions sommaires avec celle que donne un prêtre, plutôt contestataire, mais (je dis bien : mais) d'une rare vigueur philosophique : M. Michel de Certeau. C'est d'ailleurs la définition la plus forte et la plus flatteuse pour l'Église qu'on puisse trouver dans ce camp-là, à cette heure-ci...

« *L'Église, dit-il, est la médiation historique et sociale d'une vérité divine révélée.* » A cela je dis non. Pourquoi? Parce que, comme j'ai cru le montrer, — je me suis donné en tout cas, dans ce but, beaucoup de peine — la Révélation Divine est elle-même, en substance, historique et sociale, et la Vérité jaillit de la rencontre historico-sociale Dieu-Homme sans lui avoir nullement préexisté. Il n'y a donc pas : d'un côté une vérité divine révélée, et du social-historique de l'autre; la révélation est indivisiblement absolue et socio-historique, puisque créant en absolu ce socio-historique. Il n'y a donc nullement besoin de « *médiation* » — oh, que cet hégélianisme m'agace, d'autant plus captieux que dans l'esprit du lecteur il peut se contaminer avec le Christ « Médiateur »! — puisqu'il n'y a aucune différence ontologique entre vérité divine révélée et Église sociale et historique, donc encore une fois aucune différence, césure, ni dé-gradé, entre Dieu, le Christ, la Révélation et l'Église, qui n'est pas le dépôt de la foi, qui n'est pas le moyen de la vie surnaturelle des hommes ensemble, mais cette vie elle-même...

M. de Certeau sent d'ailleurs le besoin d'un lien, comment dire, plus indivisible, entre Dieu, l'Église et lui-même, puisque dans le même petit ouvrage il écrit aussitôt cette phrase splendide sur sa foi : « *Ce n'est pas une option... J'ai découvert, par la tradition évangélique arrivée jusqu'à nous, quelque chose sans quoi je ne pouvais plus vivre, et qui pourtant n'a pas été l'objet d'un choix.* »

C'est aussi beau que vrai... Et pourtant je discuterai un point. Que veut dire : « *Quelque chose sans quoi je ne pouvais plus vivre* »? Cela peut définir, surtout avec ce « *ne... plus...* », un événement absolu et irréversible, tel que j'ai pu le décrire dans la conversion. Mais cela peut aussi définir n'importe quel amour ou désir, ou même une drogue. Je choisirai donc de traduire, pour la splendeur et la vérité de la chose : « *Quelque chose sans quoi je ne pouvais plus exister comme homme* », c'est-à-dire, bien sûr, sous peine d'un égoïsme ici impensable, « *quelque chose sans quoi tous les hommes ne sauraient exister* ». Et comme de Certeau vivait auparavant, bien sûr, il doit s'agir ici d'un saut ontologique de la *vie* à l'*existence.* C'est cette interprétation qui justifie pleinement le début et la fin de la phrase, si beaux : *ni choix, ni option.* Ce qui m'inspire une formule au premier abord surprenante : je ne prends pas Dieu, Dieu ne me prend pas; de Lui à moi cela prend. Et aussi bien l'amour et le don réciproque ne sont pas de décision. On est pris dans l'Amour, qui prend — au neutre. De même M. Decoin titre un très beau livre : *Il fait Dieu.*

Mais je me permettrai peut-être une

deuxième question. Que signifie « *J'ai découvert par la tradition évangélique arrivée jusqu'à nous* »? Que signifie : « *par* »? « *Par le moyen de* »? Mais alors la tradition évangélique n'aurait été, pour ce penseur, que l'instrument vulgairement empirique et socio-historique de son salut égoïste à lui, ce qui est spirituellement impensable. Ou bien — c'est donc nécessaire — nous devons prendre « *par* » en un sens très fort : « *par l'action de* ». Mais alors « *la tradition évangélique* » n'est plus du tout ce qu'on appelle une « tradition »! Elle se confond exactement avec ce qui depuis toujours la fait être, nous fait être... Je me permets donc de signaler une dernière différence entre M. de Certeau et moi : il parle aussitôt de sa « *gratitude intime* » envers cette « *institution* ». Je n'aime aucun de ces trois mots. Je dois tout à l'Église, et n'ai pas de « *gratitude* » envers elle, puisque j'en suis et qu'elle est moi. J'ai gratitude au plus envers Dieu même, qui par elle, en ce temps et ce monde, me fait être, mais je ne vois aucune *institution* terrestre à remercier, envers qui prendre la distance de la gratitude pour mieux la juger ensuite. Pour moi, dans cette indivision avec elle, s'abolit presque « *l'intime* » — qui pourrait être en fin de compte un moyen de se distancier, comme Michel de Certeau ne manque pas de le faire.

Oui, je suis absolu, puisque, si l'Église est autre chose que Dieu sur terre, je n'en suis pas. Si elle est dé-gradé de Dieu, elle ne m'intéresse pas. Si elle n'est pas Dieu transcendant incarné jusques en moi, que m'importe? Je l'abandonne aux sociologues et je comprends qu'on la quitte, une Église qui ne serait que cette institution-là. Mais l'enfer ne prévaudra pas, même sous forme de science humaine, contre l'humanité retrouvant aujourd'hui à la fois le savoir et la réalité d'elle-même par le retour de sa Révélation Divine. Je ré-annonce l'Église...

⁂

L'Église ne serait donc « *un moyen humain de garder la foi en Dieu* » que dans l'exacte mesure où Dieu, par le Christ, s'est fait moyen humain de garder la foi en Dieu. Pas plus. Pas moins. Le Christ nous a même donné, avec le « *Notre Père* », notre prière universelle, aussi vrai qu'il n'existe pas de prière universelle au Christ — et sans doute pour cause.

Il est vrai que la liturgie est humaine, et vise probablement à intégrer notre religiosité toute sensible, notre « *nascimur pagani* », ne serait-ce que pour nous en défendre. Mais l'Église ne s'est jamais confondue avec sa liturgie — ou plutôt ses liturgies, qui passent et changent, et il est bon qu'elles changent. La liturgie ne poserait de problèmes que si on nous demandait par exemple de croire au « *Tantum Ergo* », de croire que les trois soupirs mystiques de saint Bernard, qui un soir ont donné une nouvelle fin au « *Salve Regina* » : « *O clemens, ô pia, ô dulcis virgo Maria* », étaient réellement parole de Dieu. Mais qui nous le demande?

Reste un dernier paradoxe. Il y a des dogmes d'Église. Et la parole de Dieu qui, elle, ne passe pas, a été rédigée, puis arrêtée par l'Église. Ce dé-gradé que j'ai cherché à évacuer de partout, ne se retrouve-t-il pas ainsi à la racine de tout? A quoi il faut répondre que nul ne connaît Dieu que par l'Église, au long d'elle — à preuve que les témoins du Christ vivant, avant la Résurrection, ne le connaissaient pas comme Dieu. Nul ne L'a jamais vu et nul n'a jamais su la Vérité Absolue, et pour une raison bien simple, que je dirai d'abord par une métaphore. La Réalité de Dieu s'enfonçant, se plantant dans notre chair pécheresse et temporelle, aussi tranchante qu'une flèche qui la perce, tremble, et d'autant plus que la flèche est parfaite et droite, et ce tremblement-là est aussi long que Terre et Histoire, et c'est lui la Vérité! La Révélation est notre savoir de l'Absolu, qui n'est pas Savoir Absolu. Dieu y reste entrevu-caché. C'est dans ce tremblement que nous pouvons espérer savoir un peu plus, encore qu'un cœur pur ait assez à savoir. Au ciel il n'est pas donné plus ou mieux à connaître, mais à voir.

Le Savoir Absolu est, entre notre savoir de l'Absolu et notre vision absolue, un intermédiaire imaginaire, une calembredaine de philosophe. Et la catégorie ecclésiale d' « *infaillibilité* » me semble relever d'une contamination avec cet imaginaire. Peut-être faudrait-il trouver un autre mot qui soit à « *infaillibilité* » ce que le tremblement lumineux de la *Réalité* qui s'implante est à la *Vérité* spéculative. Ici une catégorie de pensée me manque. Mais après tout ce n'est pas ma faute, si l'Église ne s'est jamais guère pensée que selon Platon et Aristote!... Si elle trouve en Hegel et Marx et *tutti quanti* ses réceptacles modernes, c'est la suite et le fruit d'une longue abdication personnelle...

***

Nous sommes beaucoup plus heureux que les apôtres quand Il vivait auprès d'eux, parce que maintenant nous savons que c'est Dieu. Parce que de son vivant, le soir du Jeudi Saint, ils ont mangé le pain et bu le vin sans oser croire en quoi ils étaient transformés, quoi qu'Il leur dît, et que maintenant nous le croyons. Mieux, chaque jour à la messe, quand nous sommes réunis en son Nom, le Ressuscité est présent, alors qu'en même temps, dans l'Eucharistie, c'est le mourant qui se donne. Dans l'instant nous mourons, ressuscitons, mourons. Dur bonheur, assez loin de celui des opiums, quand cela nous arrive, que de revivre ce drame. Mais à qui, mais à quoi devons-nous d'être plus heureux que les apôtres?

Aux apôtres. A ce pouvoir que le Christ leur a donné de nous faire plus heureux qu'eux. Au fait qu'il les a tirés, triés, séparés de nous, pour nous. Et de même que Dieu s'incarne dans le Christ, l'unique sacrement qu'est l'Église s'incarne en des hommes qui ne sont plus que ce sacrement. Ce qui fait que c'est toujours Dieu qui donne le sacrement — ou qui se donne en lui.

Mais pourquoi Christ a-t-il séparé dès le début les apôtres des autres disciples? Pourquoi ces sortes de « *naturants* » humains, de consacrés-consacrants, alors que tout homme est divinisable par sa conversion, selon ma thèse, que je crois très orthodoxe? Pour deux raisons opposées et complémentaires qui n'élucident pas le Mystère, mais le cernent, le délimitent. D'abord, ne l'oublions pas — on l'oublie souvent — le Christ ressuscité donne l'Esprit aux apôtres en soufflant sur chacun d'eux, avant que ce même Esprit ne se déchaîne à son compte, plus manifestement, au matin de Pentecôte. L'Esprit achève le corps sensible de Dieu en l'Église. Or il est — pour autant qu'on puisse ici connaître — le mouvement de la Trinité, peut-être l'équivalent en Dieu de ce mouvement sans mobile qu'est la foi humaine... L'apôtre, plus tard le prêtre, serait donc ce mouvement divin incarné. Si j'osais une métaphore presque indécente, je parlerais de ces stations de pompage qui réactivent à intervalles réguliers le flux d'un pipe-line : elles sont secondaires et rendent tout possible...

D'autre part et complémentairement, l'apôtre, plus tard le prêtre, est celui qui n'est d'abord que cela. On peut même voir chez lui, en cela, toujours en termes modernes et vulgaires, une sorte de handicap à la sainteté personnelle et de renonciation au profit des autres fidèles à cet Individu Absolu que Dieu nous permet et peut-être nous demande d'être, à chacun de nous. Le prêtre est celui dont le pouvoir spirituel joue contre lui pour autrui. Le prêtre est à l'Esprit ce que l'hostie est au Christ. Et certes l'Esprit peut frapper ailleurs, comme le Christ peut apparaître hors des Espèces. Mais le prêtre, en tant qu'homme de l'Eucharistie, et qui l'actualise en commandant à l'Esprit — « *que ce même Esprit-Saint consacre ces offrandes. Qu'elles deviennent...* » — le prêtre est ce par quoi, avec l'apport de l'Esprit, toute la Trinité est sensible sur terre. Le prêtre n'est pas le véhicule, mais le vecteur de l'Incarnation : temporel, aux deux sens, et même temporalisant. Une Église terrestre sans prêtres est impensable. Et dans cette certaine mesure, que j'ai tenté d'entrevoir, où le prêtre n'existe pas pour soi, je puis dire que Dieu nous veut, nous les fidèles, plus heureux sur terre que si nous étions tous prêtres! Je sais que je bénéficie de leur abnégation-limite, déjà là, par mission, qui ne m'est demandée que par destination.

J'ai quelquefois pensé qu'on pouvait confier le secret le plus mortel à un prêtre comme une dame romaine se déshabillait devant son esclave. Cet état est d'un grand abaissement, le plus grand abaissement dans la chrétienté — une sorte d'infinie humilité de fait, objective, sans mérite, depuis le premier et seul mérite de la réponse à l'appel... Le prêtre est beaucoup plus abaissé par là qu'il n'est élevé par son pouvoir spirituel, sur lequel seul on fait des romans... Songeons que si le Pape était seul prêtre dans une assemblée mondialement importante, je puis l'y requérir, toutes affaires cessantes, de me confesser à l'instant. Songeons plus simplement qu'il se confesse... Imaginons-le...

Le prêtre donne sur terre, à la foi, la vie sensible de Dieu, c'est-à-dire ce qu'elle exige pour vivre. On lui reproche, en général, d'abord de nous dispenser de notre foi par sa magie, et donc de lui être inutile et nuisible quand nous l'avons. Mais ma définition n'a pas à répondre à ces deux reproches : elle les juge, elle les révèle secrètement orgueilleux, car ils se ramènent au fond à refaire notre Histoire Sainte ou même à la nier comme Histoire en allant droit de soi au Christ — ce que les plus grands mystiques, les plus apparemment habilités à le faire, ne font pas... Certes il y a toujours le risque, le grand risque, que ces reproches soient fondés dans la pratique. Mais cela parce que, dans le christianisme, tout est risque, tout répondant à notre intime et absolue liberté, rien n'en répondant...

Un prêtre qui se sent ainsi descendre au rang de thaumaturge ou de parasite doit immédiatement, ou quitter son état, ou revenir à la vraie prêtrise, dût-il refranchir un abîme : la Grâce l'y aidera. Quant à ceux qui seraient devenus thaumaturges et parasites et ne le ressentiraient pas — pourquoi méconnaître ce risque de l'habitude ? — tous les coups sont permis contre eux, encore que je préfère celui de Catherine de Sienne. Mais n'ayez surtout pas la scélératesse intellectuelle et morale de contester le statut ontologique de ces hommes au nom d'une définition qui généraliserait les traits empiriques communs à ses déchus ! Facile, mes maîtres !

*

Ma tâche, par contre, est difficile, et je dois m'arrêter un instant à la fois pour la préciser et reprendre haleine.

J'ai pu m'intituler, dans mon dernier ouvrage, « *modeste cantonnier de la Voie Royale* », celle qui fut ouverte par Kant, selon Kierkegaard, et prolongée par Kierkegaard lui-même. En fait j'avoue que j'ai tenté à mon tour de la pousser un peu au-delà de lui, en rétablissant et fondant l'historicité absolue de la Révélation judéo-chrétienne, à laquelle son aversion légitime et systématique envers Hegel et son « *historico-mondial* » lui avaient fait renoncer, malgré quelques beaux éclairs de son Journal.

Modeste cantonnier ou téméraire prolongateur, peu importe. La Voie Royale existait. Il suffit que je l'aie signalée. On peut la reprendre sans moi, tout autrement et bien mieux.

En revanche, sur ce terrain de recherche où maintenant j'avance — l'Église, les Prêtres — s'il est possible qu'il ait jadis existé une Voie Royale, si j'éprouve parfois le soupçon vague et tremblant d'en retrouver ici ou là une trace, il me faut confesser que l'inextricable taillis moderniste l'a tellement recouverte que je progresse, suant et soufflant, au coupe-coupe. Lorsque M. Domenach, à la fin de sa grande critique de mon *Ce que je crois,* m'objectait que mon effort de libération était nécessaire et insuffisant, qu'il allait falloir retrouver ou réinventer une exégèse, une herméneutique, il avait raison contre moi. Je lui réponds seulement que sa bienveillance m'avait vu trop vite au bout de mes peines libératrices, ou simplement résistantes, et qu'avant de déchiffrer il me faudra défricher encore longtemps.

Et cette avance au coupe-coupe implique deux grands dangers. D'abord que le chemin se referme aussitôt derrière moi : que personne ne le prenne et que les taillis et ronces repoussent. Alors je serais perdu. Mais à ce danger je ne peux rien. On verra. L'autre est de tourner en rond. Et c'est ce qui vient de m'arriver, je le crains.

Voilà la difficulté : dire que l'Église est l'Incarnation continuée par l'Eucharistie dans notre chair pécheresse, c'est énoncer un fait, mais sur le mode d'une réalité en soi. On peut demander : et les hommes ? J'ai dit qu'ainsi ils s'accomplissaient comme tels. Oui, mais il faut un peu revenir en arrière. Pour que le sacrement de l'Église opère, il faut évidemment, d'abord, que je croie au Christ. Il faut, ai-je dit, que je réponde à quelqu'un qui m'offre et m'annonce la Nouvelle. Or un récit n'est rien, je l'ai trop oublié, notamment dans mon dernier livre. Et si la présence christique l'emplit, l'anime, alors à quoi bon un récit ? Et d'autre part, en cas d'irruptions ou d'apparitions directes, qui attestera qu'il s'agit du même Dieu ? L'Éternel a dit à Moïse : « *Je suis le Dieu de tes pères.* » Christ devra-t-il dire à chacun : « *Je suis le Dieu de tous les hommes tes frères* » ?... Au fond les difficultés de la suite d'Abraham resurgissent autrement, mais resurgissent, après la coupure christique : celles, cette fois, de la postérité sans la race. Si on ne les résout pas on va tout droit, non vers l'Église, mais vers l'association selon la loi de 1901 — bientôt laïque, car s'évaporera la présence — des amis du nommé Jésus de Nazareth. Si le Christ n'a laissé que son souvenir à ses amis convertis, il n'y aura plus de place pour l'Église dans l'Être, mais seulement dans le monde, où elle s'évanouira, comme elle fait aujourd'hui...

Si l'on ne veut pas aller là — et l'étrange est qu'on n'y ait pas abouti plus tôt — il faut alors admettre et tenir à tout prix que celui qui nous communique le Christ le porte, que ce converti est investi d'un droit et d'un pouvoir sacrés. Il faut admettre que Christ n'a pu d'abord se répandre que par des hommes auxquels il a transmis sa puissance et sa présence sollicitante, ou celle de l'Esprit... Si on me demande : « *pourquoi?* », je réponds que cette question causale n'a pas sa place. Si on me demande : « *pourquoi n'était-ce pas possible dès les juifs, pour les propager, eux et leur Dieu?* », je répondrai que cette fois c'est un Dieu incarné, mort, ressuscité, qui se propage — il s'est passé bien des choses! — et que Lui seul peut faire de nous un seul corps ressuscité, le sien — comme Israël par des moyens plus durs et plus simples, était un seul peuple terrestre, celui de Dieu. Il y a eu, depuis Israël, par l'Incarnation et à sa suite, l'abîme de la Mort personnelle ouvert et franchi, cela toujours à recommencer et pourtant devant s'accumuler. Une chaîne de présence surnaturelle ressuscitée est devenue possible par les apôtres. Et certes elle serait possible sans eux, sans les prêtres et la transmission surnaturelle de leur pouvoir, mais comme une série perpétuelle et discontinue de miracles. Les prêtres sont ceux — ou ce — par quoi nous sommes réunis en un seul corps ressuscité mystique, celui du Christ, autrement que par une perpétuelle série de miracles, que Dieu ne peut ni ne veut, Dieu ne pouvant et ne voulant de miracle qu'au bout et comme à la pointe d'une libre demande de la foi. L'Incarnation, la Résurrection, et la Consécration même ne sont pas des miracles, mais des mystères, rappelons-le. Les prêtres sont ceux — ce — par quoi le christianisme se poursuit sans miracles. Les prêtres sont ceux — ce — grâce à qui nous restons *sollicités* — ni contraints ni abandonnés — par la présence qu'ils portent, bref libres...

Le prêtre, une fois prêtre, n'est pas libre. Voilà son ab-négation précisée, fondée, située dans l'Être. « *Tous prêtres* », voilà qui nierait le respect qui est dans l'amour de Dieu pour les hommes. « *Tous prêtres* » serait surnaturellement totalitaire. On voit que cet état ne ressemble à nul autre, et surtout pas à celui qui porte le même nom dans les religions. Les prêtres sont ceux par qui ma réponse au Christ, qu'ils portent, entre dans ma vie et la porte.

Ils ne font pas, ou pas toujours, les conversions. Ils font qu'elles se reconnaissent comme telles, se *réalisent*. Lequel d'entre nous, chrétiens laïques, se chargerait seul longtemps d'un converti? Lorsqu'il le confie à un prêtre, le remet-il à un pouvoir politique? A un savoir-faire? Allons, allons! Serais-je, par exemple, si lâche, moi qui au bout d'un jour m'épouvante d'un cœur que je fus l'occasion de gagner? Vais-je chercher un prêtre pour que les choses soient en ordre, en règle? ou qu'enfin elles existent? Tout le monde sait bien que c'est le second cas. Tout le monde, sauf aujourd'hui bien des prêtres...

Je dis qu'il faut admettre et tenir à tout prix que les prêtres sont cela : des consacrants-consacrés, disais-je, mais consacrés par une sorte de matérialité mystique. Et, mieux que je ne disais : des surnaturants-surnaturés. Un pouvoir naturalisé de transcendance. Une sainteté, là, qui est en eux et n'est pas eux, qui passe par... Je dis qu'il faut admettre et tenir à tout prix que l'Église n'est l'ensemble des fidèles que par l'ensemble des prêtres, aux deux sens déjà signalés du mot « *par* » : transition, efficience. Et qu'il en est ainsi de par Dieu et le

Christ — et l'Esprit qui, à la fois, comme on l'entend à la messe, « *sanctifie les offrandes* », les transforme en le Corps, et, sans doute par là, « *fait de nous un seul corps* »... Et nous ne pouvons rien changer à ce perpétuel miracle, ou plutôt mystère, spirituel et matériel, non thaumaturgique. Et c'est cette doctrine que l'Église affirme et pratique. Le prêtre n'est pas un ministre, puisqu'on peut retirer à un prêtre son ministère, mais jamais son état, sa qualité, sa nature surnaturelle. C'est peut-être un abîme à penser, mais c'est ainsi. C'est pour cela, et non par je ne sais quel romantisme, qu'il est si déchirant, qu'il est plus que tragique d'être appelé à devenir prêtre, et donc à quitter le reste. Ce n'est pas un changement dans le monde ni dans l'âme, c'est un saut dans l'Être.

Enfin si l'on m'objecte que le Christ, à ce compte, doit porter ceux qui le portent, je réponds que c'est vrai, je reconnais le cercle. Mais toute l'Église est un cercle. Comme je l'ai montré en étudiant son instauration, et une nouvelle fois ici, elle n'a pas de commencement. Elle se fonde sur Dieu et le fonde. Elle vient des Évangiles et les a faits. Elle se perd si elle perd la Vérité, et perd la Vérité si elle se perd. Elle a reçu la Sainteté par nature et l'attribue aux Saints selon leurs mérites et grâces. Elle semble tenir de Dieu jusqu'à son incompréhensible. ... Et pourtant je m'avise, en dernière minute, que Christ choisit ou re-choisit les douze apôtres, d'entre tous les disciples, après une nuit de prière solitaire. Et il dira plus tard : « *Père, ceux que tu m'as donnés...* » Dans l'appel nominal des prêtres comme dans l'avènement de l'Église, il y a donc plus que le Christ : Dieu. Quelle clarté ! Quel coup ! Quel effroi !...

Voilà qui vous êtes, prêtres, ou rien du tout ! Voilà qui vous êtes encore et toujours, prêtres modernes, vous qui vous demandez ce que vous faites là ! Un prêtre, l'an dernier, dans une paroisse parisienne, a construit un sermon sur sept à huit points dont chacun commençait par « *Je ne suis pas là pour...* ». On attendait avec d'autant plus de passion le « *Je suis là pour...* », qui ne vint pas... Et puis pourquoi « *je* » ? Un prêtre n'a de chance d'être « *je* » qu'en dehors de ses heures de prêtrise, c'est-à-dire jamais. Il faut savoir ce qu'on veut. Il faut vouloir ce qu'on veut. Il faut vouloir ce qu'on a voulu. Il faut, ou il fallait savoir ce qu'est un vœu. Le prêtre est celui qui a été appelé à n'être personne au monde, soit qu'il reste au monde, soit qu'il y aille, soit qu'il s'en retire. Si les états d'âme des prêtres contemporains me révoltent ce n'est pas parce qu'ils sont de mauvais états d'âme. C'est parce qu'ils sont états d'âme.

Mais je ne suis pas là pour détailler toutes vos misères, qui se ramènent à une question : comment être quand on ne sait plus ce qu'on est, quand on n'a plus de quoi le penser, se penser ? Et cela, c'est l'esprit du temps — auquel s'est fondu l'esprit de l'Église — qui vous l'a enlevé. Ce n'est pas une question de courage. Vous n'êtes que des victimes. Vous n'êtes que des soldats démoralisés par fatigue et absence de buts de guerre. Oui, comment être quelque chose qu'on ne peut dire, ni se dire à soi-même ? Pourquoi désormais devenir prêtre, et comment le rester ? Qui pardonner quand on ne croit plus au péché ? Qui secourir, quand on ne croit qu'à la justice ? Qui retenir à Dieu quand on n'en peut parler ? Quelle est cette peur du pouvoir spirituel sur terre, dont vous ne rappelez les abus historiques qu'afin de l'abdiquer — et de fait le malade qu'on tue n'est plus malade ! Pourquoi cette épouvante démissionnaire devant votre plus haute puissance, au moment du Saint Sacrifice, celle de faire surgir Corps et Sang du Christ en substance par votre appel à l'Esprit — au point que de nouveaux canons de la messe prolifèrent, qui escamotent ces phrases dans un bain de grande ferveur humaine. Pauvre ruse, dont je n'ai plus la force que de pleurer, ou de vous crier encore : non, je ne veux pas me réunir avec des hommes autour d'un homme ! Vive la Liberté !...

Mais voici une autre ruse. Vous dites : « *Plus de prêtres ! Un peuple de Dieu ! Tous prêtres !* » D'accord, sous la décisive réserve que j'ai faite ! Mais jurez-moi qu'en cela vous ne refilez pas le bébé ! Tous prêtres ! Soyez-le puisque je ne puis l'être, n'est-ce pas ? Et que vous reste-t-il que le secrétariat, ou le vedettariat ?... Ou alors : plus de prêtres mais des « *équipes sacerdotales* » ! Bouleversant besoin de chaleur animale !... O mes chères campagnes dont les cures sont vides parce qu'on a décrété qu'elles se déchristianisaient ! Parce qu'on allait de moins en moins chez le curé, plus de curé : on ne peut donc plus du tout y aller ! Pourquoi vos homélies vengeresses sur le tiers monde ramènent-elles invinciblement ma pensée en Haute-Lozère ? Quel faible jeu de mots me fait passer de vos avions en Aveyron ?

Passons... Non, arrêtons... Vous êtes trop malheureux... Je n'ai plus le cœur de poursuivre... Je ne peux rien à cela, pas même devenir prêtre pour me porter candidat en Haute-Lozère... Tout cela, je ne peux que le dire et c'est dit... Je prie. Je prie pour tous nos prêtres... Je prie pour les défroqués, je prie pour les mariés, je prie pour les marxisés. Je prie pour les malades de « *crises d'identité* ». Je prie pour ceux qui ont quitté l' « *Institution* », même s'ils l'ont baptisée ainsi pour mieux la quitter. Je prie pour ceux qui travaillent le bois, le cuir, la laine, l'argile, et en annexe les âmes. Je prie pour qu'ils aient la grâce, je prie pour qu'ils aient l'idée de la grâce. Je prie pour qu'ils prient... Je prie pour les répandus sur les *Jets* de la planète. Je prie pour les resserrés dans les appartements d'H.L.M... Et à ces derniers-là je dis que les douze étaient resserrés aussi, se tenant chaud comme moutons apeurés en bergerie, lorsqu'il se fit un grand vent et que les vitres claquèrent! Et quelle sortie au monde! Ils étaient comme ivres, disent les *Actes!*

Et c'est cela que dans le proche avenir je vais pressentir, afin qu'ils s'y préparent.

***

« *Le sentiment social d'aliénation que nous éprouvons est issu d'un infime début de délivrance. La révolte en vient. Une révolution doit en venir, mais sans précédent ni modèle...*

Ici se trouve en effet, non point tracée mais fondée en droit, une exigence absolue de révolution et même de subversion chrétienne. Elle résulte de ce que j'ai appelé « le Péché originel au carré » *de notre culture, par quoi elle se différencie de toute autre. Car c'est la première fois dans l'histoire et la politique de notre monde que le Péché n'est plus une tare à réparer ou à borner dans ses conséquences, mais au contraire est devenu le ressort, le moteur, le principe actif, l'âme même d'une société humaine. Ce monde est donc à renverser — ou plutôt, renversé qu'il est, à rétablir. C'est cela qu'il faut faire comprendre, par exemple, à un Soljénitsyne justement ébloui par les libertés juridiques de l'Occident : il est vrai, selon sa formule, que la cupidité n'a pas attendu le capitalisme, mais le capitalisme est le premier système qui la consacre, ou mieux la sacre. D'où la nécessité d'une extirpation radicale. Et c'est aussi le point où je me réconcilie avec ces chrétiens de gauche, tant houspillés au début de cet ouvrage, mais à une condition : qu'ils comprennent enfin qu'ils n'ont pas à chercher d'inspiration pour leurs actes ailleurs que dans leur foi, sous peine de ridicule impuissance et de complicité criminelle avec le marxisme, dernier poison et nullement antidote de cette culture.*

Révolution, donc, sans idéologie ni tactique. Et dont le risque est grand. Comme nous savons mal cette âme qui nous presse afin d'être libérée, son retour sera d'abord convulsif et névrotique, comme il le fut en Mai. Mais nous n'avons pas le droit d'éviter le risque, ces convulsions et névroses étant source de salut, et rien d'autre... Il nous faudra sans doute un effort attentif à la fois de psychanalyse et de maïeutique spirituelles, mais il en vaudra la peine. Ainsi peut se gagner, en effet, ce combat de l'inconscient collectif de l'Occident, à l'intérieur de lui-même, contre lui-même, afin de libérer sa transcendance captive et de ressusciter l'Homme. »

Ce passage de mon dernier livre *Ce que je crois* — auquel j'ai la faiblesse d'accorder une certaine importance, du moins par rapport à l'ensemble de l'ouvrage — aucunes des nombreuses analyses et critiques que j'ai reçues ne le mentionne. Il est passé inaperçu. Pourquoi? Peut-être à cause de l'ambiguïté de la phrase « *nécessité d'une extirpation radicale du capitalisme* », le mot « *nécessité* » oscillant entre la fatalité historique et l'obligation idéaliste, alors que je ne voulais dire ni l'un ni l'autre, mais quelque chose au-delà. Peut-être parce que le mot d' « *aliénation* » restait abstrait, quel que fût le contenu de vécu que je lui eusse donné au préalable, l'aliénation étant le mal d'être commun à tous les maux d'être de notre monde, on ne peut plus concrets, ceux-là... Peut-être parce qu'on était en droit d'attendre un début de description de la délivrance, voire de ses moyens, et que je ne l'ai pas donné.

Je ne pouvais pas le donner. J'avoue ici mes inévitables insuffisances. De tout ce que j'annonce il n'y a presque rien d'humainement connaissable — d'humanistement concevable, si l'on préfère, et nous sommes tous encore, bon gré mal gré, humanistes... On peut tracer en effet une doctrine, un programme et amorcer une pratique en vue d'une révolution idéologique donnée à l'intérieur d'une culture, mais non en vue d'une subversion de cette culture elle-même. C'est contradictoire et impossible. Je ne *sais* pas comment ce monde craquera et je ne *sais* encore que faire pour qu'il craque, puisque mon savoir et ma pratique sont pris en lui, hors quelques pressentiments que j'ai pu parfois propager, mais sans nulle méthode pour les communiquer avec assurance. Bergson, à qui l'on demandait la tendance des romans à venir, répondait : si je la savais, je les aurais écrits. A plus forte raison quand il s'agit d'un nouveau monde. Dieu seul pourrait savoir — et encore s'Il était tout-puissant sur l'homme, ce qui n'est pas...

Et pourtant il craque, ce monde. Il a déjà commencé. Et je me trouve, avec mon impuissance à connaître, dans la situation de ces meneurs de Mai auxquels on demandait « *Que voulez-vous mettre à la place?* », et qui ne pouvaient répondre et se faisaient accuser de folie furieuse mâtinée de vide intellectuel. Or c'était la question qui était vide et folle. On ne pouvait imposer à une rupture de civilisation ni les interprétations ni les remèdes sécrétés par cette civilisation même. Pour ma part, tout ce que j'ai pu pressentir et dire alors, sans nulle vérification — sinon que tout en devenait clair — c'est que des jeunes êtres arrivant en ce monde ne pouvaient plus supporter ce monde, ni eux-mêmes en lui. Et cela c'était plein, et en quelque sorte sage. Du moins c'était sans doute une irruption de l'Être ou de l'Esprit, qui leur avait fait réaliser le néant du monde et leur vide propre. C'était l'Homme existant devenu agonisant suicidaire qui demandait instinctivement à ressusciter. D'où le fait qu'il y avait chez bien des gens en place un autre trouble que la peur, chez maint révolté une autre fureur que la haine.

Instants de grâce, dira-t-on... Eh oui, peut-être à la lettre... L'après-Mai nous apprend déjà comme il est vain de traduire ce trouble en réformes politiques, cette fureur en surenchères idéologiques à l'intérieur du même contexte, autrement dit du même tissu profond. Les deux camps politiques concourent sourdement à le ravauder, ce tissu — rien ne paraît changer, le temps même semble aboli — parce que les uns et les autres conspirent à se tromper sur l'origine de la fureur et du trouble. Il y avait du nouveau dans l'Être que nous n'avons pas voulu reconnaître, que nous avons tous aplati en innovations mondaines mort-nées, en déplacements d'éléments à l'intérieur du donné, en changement du jeu de la carte ou en redistribution des cartes, alors qu'en profondeur nous n'en pouvions plus de jouer et ne voulons plus jouer. Le prochain bouleversement sera plus grave.

Que faire? Eh bien, au risque de perdre ce qui me reste de popularité, je propose d'abord qu'on écoute et qu'on guette, afin que le prochain événement profond *nous dise quelque chose,* à tous les sens de cette expression. Et d'ici là je pense que chacun doit résister, là où il est, aux inhumanités de ce monde humaniste, en n'auscultant que les profondeurs de soi-même, en faisant le pari qu'il sera inspiré. Je pense qu'il ne faut nous unir et nous ameuter que pour nous aimer, que pour pouvoir nous aimer les uns les autres et nous-mêmes, et que cela décèlera et descellera les armatures et institutions qui nous en empêchent... Cette écoute profonde ressemblera-t-elle à la foi ? Ce pari à la prière ? Cet amour à celui d'une église mystique ou première ?... Pourquoi pas ? J'ignore quelle sera la part du reconnu et de l'inconnu dans le retour de Dieu, de la Charité — ou encore de l'Ame, car dans maintes révoltes les gens semblent exiger la naissance en eux-mêmes et la reconnaissance par d'autres de ce qu'on appelait autrefois une âme — mais pour le moment peu importe : on verra bien. Tout ce que je puis dire ici, c'est que je n'aperçois pas d'autre issue libérante et que j'entrevois celle-ci. En revanche je mets tous les programmateurs au défi d'aboutir, ou plutôt seulement de commencer. Et c'est justement en l'absence de tout « *projet* » que je crois devoir convier à l'espérance.

***

Je ne suis pas satisfait, sentant que le lecteur qui m'a suivi jusqu'ici ne l'est pas encore. Il m'en demande plus. Il veut des précisions. Et c'est peut-être en lui un pli des idéologies de ce temps, mais comment résister à une exigence qui naît aussi de l'angoisse ? Je vais donc me hasarder à décrire un peu mieux l'indescriptible. Je tracerai, à défaut de lignes, des linéaments. Mais après deux observations préalables, à dessein élémentaires, presque enfantines.

Il est des maux de notre société qu'on appelle trop aisément marginaux : par exemple la drogue, la folie, la délinquance. En effet, sont-ils des symptômes des lisières ? Ou bien, inversement, les relègue-t-on aux lisières parce qu'ils sont les symptômes les plus poussés d'un mal unique et inavoué de la société tout entière ? Leur croissance suffit à nous faire choisir la seconde hypothèse, la seule unifiante, la seule claire. Entre un corps social qui pour moitié se voue aux tranquillisants, d'une part, les « *fous* » et les drogués d'autre part, la continuité saute aux yeux, même si par une autre de leurs faces la drogue et la folie, en cela proches de la délinquance, sont des protestations ou contestations inconscientes. Je dois donc, reprenant des termes déjà employés ici, ramener les *misères* de ce monde à une seule *misère,* pour ne pas dire *la* misère, celle même de l'homme selon Pascal, mais collectivisée et portée à la seconde puissance par le choix faussement émancipateur fait voici bientôt deux cents ans.

Misère de l'homme sans Dieu, d'où l'inhumanité de l'humain. Mais sans aller chercher cette unique source métaphysique, fût-ce par une approche critique, nous pouvons déjà remarquer avec évidence que le ressort ou moteur psychologique de ce monde est une soif d'être qui engendre le mal-être. J'entends : soif de profit, c'est-à-dire d'en réaliser plus qu'autrui, et sur autrui ; soif de pouvoir, et le pouvoir s'applique directement à autrui ; soif de jouissance, et, en dehors de l'onanisme, autrui en est l'objet, le moyen : hors l'Amour on ne se libère qu'au prix de son esclavage ; soif, enfin, de paraître, bref d'épater son voisin à défaut de l'écraser : vrai moteur de notre fameuse « *consommation* », ou le plus profond.

Or cela ne va pas, et ne peut pas aller. La guerre de tous contre tous pour la puissance et ses privilèges engendre forcément une immense majorité de vaincus. Et comme règne chez tous, infus, universellement infiltré, invincible, le dogme d'un bonheur que l'on n'*espère* pas comme un beau surcroît, mais qu'on *attend* avec une mentalité d'ayant-droit — telles des prestations de Sécurité Sociale — il arrive, par force, à chacun de tous les vaincus, de deux choses l'une : ou bien il s'avoue son malheur et il est beaucoup plus malheureux qu'ailleurs et en d'autres temps, il craque, il s'effondre, il est abattu pour peu de choses, et au surplus la société optimiste l'élimine pour continuer à s'offrir un bon visage ; ou bien un reste vivace et inextirpable d'orgueil ou d'amour-propre ne veut pas s'avouer l'échec et le malheur, et c'est la névrose, dans la plupart des cas dépressive. Et je ne décris pas ainsi les états d'âme des riches — souvent également graves et n'ayant pas droit moins que d'autres à notre pitié — mais l'état d'esprit et de corps, bref la santé, de toute une société dans toutes ses classes.

C'est cela que j'appelle, sans nullement plaisanter, l'enfer du capitalisme. C'est cela, bien davantage — de plus en plus davantage, dirai-je — que les misères subsistantes en la chiourme de l'usine, misères qu'un capitalisme avancé peut maintenant résorber en deux ou trois décennies, ce qui donne à la pratique des luttes sociales proprement dites, de plus en plus légitimes et légitimées, un parfum d'arrière-garde, une inanité révolutionnaire, le capital se consolidant de leurs acquis autant que la classe ouvrière, le mal d'être de tous ainsi se consacrant. Bref *la société capitaliste est par nature et structure la société humaine du désespoir* — à condition d'admettre à la suite de Kierkegaard que le désespoir, « *maladie mortelle* », ne consiste pas à se dire que l'on est désespéré, cette prise de conscience étant déjà presque une chance de remède.

Le marxisme est à cette névrose générale une réponse elle-même névrotique, déplaçant et reproduisant de façon insoutenable le mal qu'il prétend guérir, qu'il fuit en réalité. C'était déjà sourdement vrai dès l'origine. Mais cela devient vrai avec le plus vif éclat dans ce que j'appellerai le néo-marxisme ou le second marxisme, celui qui ne cesse aujourd'hui de gagner des adeptes en Occident, après et malgré la disparition quasi totale de la doctrine, celui dont tant de chrétiens sont en eux-mêmes la proie. Et certes il n'a pas plus d'importance culturelle qu'un sillage ou une séquelle, mais ce qui fait sa force réelle, ou bien plutôt empirique, c'est qu'il est très exactement l'*espoir de cette société de désespoir,* espoir sécrété par le désespoir, pris en lui, inclus dans son circuit : non point rupture et remède à la maladie mortelle, mais tendance à l'oubli d'un mal qui ne s'est pas avoué, et pour ne pas se l'avouer. On reconnaît précisément l' « *opium du peuple* », ou mieux le neuroleptique des masses. Baume qui calme, un temps, avant de tout aggraver. Donc, pour récapituler, deux enfers. Pour tout unifier, *deux cercles de l'enfer,* le second étant pire et le passage de l'un à l'autre insidieusement nécessaire. Il n'y a pas d'échappement à cet engrenage, sauf sa rupture totale. Il n'y a pas de solution à cette question, sauf de la trancher d'un seul coup, comme un nœud gordien. Et apparemment nul n'y peut rien. Et ce ne sont pas mes paroles qui changeront quelque chose.

Alors ?

Alors on comprend mieux pourquoi je puis paraître un ancien combattant nostalgique, voire un doux maniaque de Mai 68. C'est parce qu'en Mai 68 la Machine et son engrenage n'ont pas été tout à fait rompus, certes, mais fendus. Le nœud n'a pas été tranché, mais encoché. Et c'est un fait et nul n'y peut rien non plus. C'est donc qu'il y avait par en dessous une force irruptive, une puissance de bris en nous, où je fus peut-être hâtif et hasardeux de décrypter Dieu, mais où l'Ame et l'Amour étaient incontestables. On demandait à exister et à s'aimer, à pouvoir exister et à pouvoir s'aimer, les uns les autres soi-même, et cela du fond de notre être, aveugle et sourd, incontrôlé et indéchiffré, parce que trop longtemps occulté et mal dégagé. Non, je ne repars pas en lyrisme, au contraire. Je crois que je pense.

Geismar me parlait hier des difficultés à penser du temps de la guerre froide — il faisait allusion au génie alors empêtré de Jean-Paul Sartre — et ajoutait : « Tu as eu de la chance, toi, d'écrire la partie philosophique de ton œuvre après Mai. » Je répondis, d'abord en riant : « Merci pour mon « œuvre »!... Mais ta réflexion est aussi absurde que profonde ou plutôt elle va plus loin que tu ne crois. Tu parles comme si j'avais de toute façon une œuvre philosophique à écrire, et comme s'il s'était trouvé par hasard qu'elle fût écrite après Mai 68 et bénéficiât de son éclatement libérateur. Mais je n'avais pas de toute façon une œuvre philosophique à écrire. Sans Mai j'aurais été découragé à la seule idée de composer un système, ou même une Critique de plus, étrangers à toute expérience collective contemporaine. *J'aurais vécu ma foi et n'aurais pas même entrepris de la fonder ou la propager par la réfutation des philosophies modernes, si l'événement de Mai ne les avait en fait déjà dissipées, m'incitant à parler et permettant qu'on m'entende*... Ou j'aurais publié et n'aurais pas été lu... Ou bien je n'aurais pas seulement publié, faute d'espoir. J'ai d'ailleurs rédigé en 1967 — à côté, en dehors de mes prophéties de Mai — une sorte de *Ce que je crois* avorté, où je n'ai pas même puisé l'année dernière... J'aurais vécu ma foi, j'aurais été de gauche : bref je serais sans doute devenu un de ceux que je conteste si fort aujourd'hui... »

Et c'est cet éclat de Mai, cet éclatement amorcé de toutes choses qui, non content d'avoir libéré ma pensée, ou ce qui m'en tient lieu, explique et peut-être excuse ma rage folle contre les ré-occultations, renfouissements et obturations de cet espoir-là, le seul, notre seul commun : non par la droite — encore une fois c'est son métier, c'est son job — mais par la gauche; non par les chiens de garde de l'humanisme bourgeois, mais par le christianisme, qui perd aussi sa seule et dernière chance dans le siècle : la dernière, car il faut bien accorder à Marx que si son *homme* est l'aboutissement de l'Histoire, le christianisme aura été la dernière religion avant l'*homme*.

Mais il n'en est pas ainsi. Ou du moins tout se joue là. Et le lecteur me comprendra mieux désormais. Je n'ai pas à proposer de théorie ni de pratique révolutionnaire. Tout va dépendre, dès demain, de l'approfondissement — par interprétation et par poussée plus loin, l'une engendrant l'autre et ainsi de suite — des révoltes qui ne manqueront pas de se produire. Si on les ramène en pensée et les réduit en action aux schémas de la politique présente, tout est perdu. Si on les élargit et on les enrichit de leur élargissement même, si on les élargit à la fois comme une idée et comme une brèche, tout peut être gagné. Car nous ne demandons qu'à nous aimer en substance, et partout où nous sommes, ainsi que je l'ai dit dans mon appel insurrectionnel du *« soulèvement de la vie »*, dont je ne renie pas un seul mot. En Dieu ? Nous aimer en Dieu ? En tout cas nous aimer infiniment mieux qu'en l'*homme,* et ses idéologies et ses institutions et son monde.

Et tout cela devra être pensé, agi, vécu — les trois indivisiblement — au concret et au singulier. Cela nous ôte nos espoirs désespérés en des paradis politiques — tout en restant infiniment loin de la parousie spirituelle — mais se situe très au-delà des réformes. Aucun système, ni à améliorer ni à instaurer. Autre chose, que nous pouvons mal concevoir. Autre chose, disons, dans notre inspiration, et dans la réalité aussi, puisque notre inspiration même aura changé la pensée et la vue des choses, donc la vie. C'est cela que j'appelle, l'entrevoyant à peine, la révolution culturelle. Faut-il parler de la libération de notre existence par l'Amour qui lui manque, qui manque à notre amour ? Oui, sans doute. Libération partielle, progressive, totale ? Que veulent dire ces proportions quantitatives, ces échelons ? Rien. Nous ne savons pas. Peut-être qu'une fois là, nous saurons. Mais justement il ne faut pas parler de liberté ni d'existence comme de choses, recouvertes, à demi découvertes, dégagées. Ce sont plutôt des mouvements, et sans mobiles. Même si nous sommes créés et recréés par Dieu — et nous venons d'expérimenter en deux cents ans l'impossibilité du contraire — notre être n'est jamais un donné, donc, en particulier, jamais sauvé ni perdu. De même du nouveau monde. On voit combien il nous faut changer de forme et même de substance de pensée, pour entrevoir la révolution culturelle, ou la subversion spirituelle, que j'annonce, que j'ose annoncer.

Et on voit désormais en quoi la liquidation humanistique du christianisme en est le contraire. Dans un ouvrage que je reçois ce matin, haineux et vigoureux réquisitoire antichrétien d'un athée, un chapitre sur l'Église contemporaine a pour titre « *De moins en moins inhumaine, de plus en plus inutile!* ». Comme c'est juste! Et je reçois au même courrier cet excellent journal catholique * que j'ai appelé un peu vite « *cher battu* » à cause de son enquête « *Peut-on être chrétien aujourd'hui?* ». Une femme répond. Après avoir pudiquement exposé sa souffrance, presque infinie, qui lui a

* *Panorama Aujourd'hui.*

fait longtemps renier Dieu comme Père, elle dit :

« *Ah! comme il m'aurait été bon alors d'être entourée de vrais chrétiens qui m'auraient aidée à comprendre le sens de la souffrance. Nous en avions pourtant, des amis chrétiens, engagés, connus comme tels, sur la place. Petit à petit, ne sachant plus quoi dire, ils ont fui un par un. En revanche, des amis athées ont deviné mon désarroi, et m'ont entourée de chaleur, de présence humaine.*

« *Avec une infinie délicatesse, sans rien me dire. Alors, j'ai pensé que c'étaient eux la véritable Église, le vrai peuple de Dieu. On a trop inculqué aux chrétiens qu'ils ont un rôle à jouer. A force de discussions et de réunions, ils ont oublié l'essentiel qui est d'aimer et d'être là quand on a besoin d'eux. Quand ils ne peuvent plus parler, expliquer,* « témoigner », *ils ne savent plus quoi faire et ils s'en vont sur la pointe des pieds.* »

Voilà qui dit tout, mieux que moi. Certes nous sommes apparemment assez loin de la révolution culturelle. Mais cette femme nous apprend sans le faire exprès que les exaspérants « *problèmes* » du « *dialogue* » ou de la « *communicabilité* » entre croyants et athées ne s'y poseront pas, pourvu que les chrétiens acceptent d'aimer en Dieu, de se taire enfin, et surtout, et surtout renoncent à « *jouer un rôle* »! Que j'aime, que j'envie cette expression simple et parfaite!

L'eussé-je connue au début de cet ouvrage, il n'eût pas eu trente pages! Et ces mots saisissants : « *Engagés, connus comme tels, sur la place* »! Tout est là. L'idée seule de « *jouer un rôle* », aujourd'hui, demain, en ce qui se passe et va se passer, ceci prolongeant cela sans rupture, c'est évidemment l'acceptation en profondeur de la surface du monde, c'est le commencement de la fin du chrétien et la garantie de sa perte...

Oui, frères, je vous annonce avec une certaine provocation qu'aux jours des grands changements beaucoup de nous n'auront qu'à prier! Et voici, remarquez, qu'avec ce *ne que* encadrant le verbe *prier*, je suis moi-même contaminé par ce que je nie! Mais je sais, mais j'ai dit au Révérend Père qui ridiculisait la prière, que des lignes de force et même de violence pourront être frayées en nous, et vers le dehors, par des yeux au ciel et des mains jointes! La transcendance est puissante, lui disais-je, osant même lui suggérer de lire la Bible...

Il y aura une révolte de l'amour vrai contre son contraire et ses parodies à la longue insupportables, pour exister enfin, et les pensées et institutions suivront. Si vous me comprenez, nous ne sommes plus en enfer, ou plus exactement nous y entreprenons notre dernière « *Sai-*

son », celle dont on émerge à un prix qu'il faut payer, comme son poète. Prenez sur lui exemple d'*ardente patience* et ne cherchez point de recettes. Écoutez, écoutez, et vous aurez les influx de la *vigueur nouvelle,* et vous saurez l'action, sans plus vous mettre en peine de types d'actes qui plaisent ou non! C'est cela — autant que l'on puisse dire à notre pauvre âme : « *c'est cela* » — la révolution culturelle. A ce prix, à son prix, pourra naître un nouvel homme.

N'attendez de rechange que de votre recherche, paresseux gens de gauche. Il nous manquait une dimension, celle qui se fait jour, non sans peine, celle que vous aviez reçue, chrétiens, en écrasant héritage, et que vous alliez perdre. Dimension sans laquelle, amis révolutionnaires, les plus beaux « *groupes en fusion* » deviennent indistincts des distillateurs de cognac en colère! Peu importe le nom de cette transcendance : je suis ici plus qu'œcuménique. Nous allons être libres en vertu de son effraction et nous serons enfin une Église. Que cette Église invisible devienne visible ou non, ce n'est pas du tout notre affaire. Aimez et faites ce qu'il faut pour pouvoir aimer, Dieu fera le reste. Adorez-Le toutefois en Lui demandant d'aimer « *en esprit et en vérité* », selon Lui, et non plus selon le monde, ce monde... Et ainsi, sans un mot, vous enseignerez les autres...

Et si vous demandez à quoi on peut reconnaître cet amour, je répondrai qu'il n'en existe pas de critère — sinon, peut-être, qu'en cet amour on aime aussi ses adversaires, quand on en a. Il n'est pas sûr que cela vous ôte des forces dans le combat. Il est sûr, au contraire, qu'un chrétien haïssant est le plus sinistre et le plus stérile des êtres.

Puissé-je ne l'avoir jamais été ici...

*

Je ne vais pas au-delà. Je n'en ai plus guère la force, ni de pensée ni d'intuition. Et trop de catégories inconnues me manquent. Et je vous dirai même, mes frères retrouvés, que je comprends à la longue vos confusions et fusions, tant j'ai hâte de m'effacer... En ce soir de Noël où je finis cet ouvrage, je vois et j'entends le Pape fermer la Porte de l'Année Sainte, et clore ainsi les trois quarts de ce triste siècle. Et ce qui se passe m'émerveille. Il traite enfin le monde contemporain de Babel ! Il nous parle, non plus d'en enrichir le Fils, mais, par le Fils, de le ramener avec force au Père ! Il voit enfin une « *invitation* » adressée à nous, chrétiens, dans les

« *fureurs subversives* » de la jeunesse... Ces quelques paroles sont, à la lettre, inouïes... C'est donc dans cette nuit, et pour la célébrer, que je m'agenouille et reprends à jamais mon rang, mon banc de fidèle, en demandant qu'on m'y oublie...

24 décembre 1975

Achevé d'imprimer le 24 mars 1976
sur presse CAMERON,
dans les ateliers de la S.E.P.C.
à Saint-Amand-Montrond (Cher)
pour le compte des éditions Grasset
61, rue des Saints-Pères, 75006 Paris

— N° d'édit. 4373. — N° d'imp. 269-010. —
Dépôt légal : 2e trimestre 1976.
Imprimé en France

ISBN 2-246-00336-9